OPEN MIND!

暢銷新編版

不拖延的微行動，讓你效率更驚人！

黃金教練
黃經宙 著

【推薦序】

隨書行動，踏上成功與夢想之路

北京昱華智業教育科技公司技術總監　侯育沁

人類因爲有夢想而偉大！但眞正的偉大是來自於夢想成眞。夢想成眞的過程，在於起心動念，立定目標，付諸於有智慧的行動，克服重重難關，夢想也就離您不遠了。這完成夢想的過程，看似簡單的幾句話，古往今來，能完美做到的人有幾人？

我們現在生活在一個快節奏、資訊爆炸的年代，很多道理人人都知道，許多夢想人人會編織、會期待，許多人也爲此付出了很多代價，換得了許多人生道理與寶貴的經驗。有人因爲前人的教訓，避免犯同樣的錯誤，有人因爲經驗不足，人生旅途上比別人多走了一段路，所以前人所描述的道理與成功經驗，可以讓我們的人生少走很多別人走過的冤路。

「勿以惡小而爲之，勿以善小而不爲」，這是三國蜀漢帝劉備去世前給其子劉禪的遺詔中的話，目的是勸勉他要進德修業，有所作爲。好事要從小事做起，積小成大，也可成大事；壞事也要從小事開始防範，否則積少成多，也會壞了大事。

所以，不要因爲好事小而不做，更不能因爲不好的事小而去做。書中每一個道理，每一個故事，大家都耳熟能詳，也都知道這些道理、這些故事對我們每一個人的人生，不可否認地，幫助很大。能將這些道理與成功經驗養成習慣，落實在生活中做到的人，往往就是從生活中的細節小事做起；時時刻刻提醒自己，有恆心毅力去要求自己。

而本書強調不拖延的微行動，就是要我們從生活態度上細部調整，從生活細節上小事做起，用正確合適的方法，把自己引向成功與夢想之路。

【推薦序】

從「微行動」開始，展現生命能量！

中華樂活學習發展協會創會理事長　蔡緯昱

多年在企業從事教育訓練與組織顧問的角色時，常被學員問到的兩大類問題，一種是公司老闆常問的：「要怎樣才能讓公司成長，並賺更多的錢？」或是主管常問的：「要怎樣才能提高組織團隊績效？」亦或銷售人員常問的：「到底要如何才能成為超級業務員？」這類問題都屬於增強競爭力的範疇，無論是能力、績效還是經濟規模。

彙整我多年專業、教學經驗及對企業的觀察，發現解答這些問題的重要關鍵之一就是「行動力」。雖然大家心知肚明都知道要採取行動，但根本的問題是，不知道怎麼做，還無法有效持續的行動下去。這點卻可以在黃經宙老師的書名中一語道破，就是「微」行動。

連台灣首富的富士康科技集團董事長郭台銘都說：「大家往往只注意到學，其實『習』比『學』更重要！我之所以會有成果，就是當別人練習三小時，我練習十小時！」雖然我們比不上郭董有那樣驚人的耐力與意志力，但我們可以從「微」行動出發，當別人練習三小時時，我們多練習一小時就好，只要每天多練習一小時，那一年後你就比別人多練習三百六十五小時，你的競爭力就比別人多出三十三%，要是每天多練習三小時，那自然就多出一〇〇%。

在第一章「沒有打不開的心只有邁不開的腳步」中，正是引導我們如此簡單，卻又最實際有用的道理。當然透過黃經宙老師的詮釋與深入淺出的見解，我們必能更加了解到「微」行動是如何在我們生命中產生更多的能量！

而第二類最多學員問我的問題便是「我適不適合繼續做下去？我做這行會成功嗎？我需要換工作嗎？」有時候，這些學員還會趁主管不在時來問我，其實我都會很中立的告訴他們：「沒有適不適合的問題，只有適不適合自己的舞臺！」

連賈伯斯都說：「成就一番偉業的唯一途徑，就是熱愛自己的事業。」

如果你還沒能找到讓自己熱愛的事業，繼續尋找，不要放棄。跟隨自己的心，總有一天你會找到的。那我們又該如何找到熱愛自己的行業？賈伯斯告訴我們：「用最大限度的發揮你的天賦、才能。」

問題是，如何找到屬於自己的天賦與才能？這也是這本書的價值所在。如何引爆你的天賦潛能，黃經宙老師把答案放在「了解自己才能正確投資」一文中提到：「每個人都有自己的優缺點，所以每個人都應該嘗試去學習……。」以多年從事人格特質的人才培訓與訓練，替企業找尋更適合的人才，幫助學員了解自己的天賦與才能，讓他們可以真正發揮優勢的經驗來看，我是相當認同黃經宙老師如此正確的觀念與看法。因此黃老師第二本作品的邀請，對我而言是相當的榮幸、感恩及無比的肯定。

最後，以書中「沒有過不去的路只有過不去的人」這句話來期勉自己與大家。將來的景氣未必有從前的光景，市場環境只會越來越競爭，好的機會也越來越少，雖是如此，但老話不是沒有道理：沒有不景氣、只有不爭氣！黃老師的第二本書勢必能給大家更多正面的能量、更好的方向，並幫助大家創造更美好豐富的人生！

【作者序】

改變很容易，從微小的行動開始吧！

自從《明天，也要勇敢！》出版之後，有許多讀者問我：「小金老師，這本書裡提到的觀念，對我有很大的幫助，但是我應該如何去實踐呢？」因此，我興起念頭，立刻付出行動，創作了這本《不拖延的微行動，讓效率更驚人！》。

當我們有一個很好的觀念或是想法時，如果沒有付諸行動，一切都是空想。過去的我也是一樣，常常有很多自認為很棒的想法，卻都無法達成，最主要的原因只有一個，那就是沒有「行動力」！而我的父親一直是我做人處事的榜樣，在我遇到困難與挫折時經常為我指點迷津。他去世後，我頓時失去了人生中很重要的精神支柱，但是想起過去他對我的種種教誨，我對自己說：「一定要改變自己」，讓自己成為一個正向又積極的人。

由於自己經歷過這一段改變，因此也特別了解在實踐「不拖延的行動」時容易遇到的問題，所以有別於其他觀念書，我在每篇文章的最後，還提供了一些簡單的練習作法，這也是我個人自我實踐的方法，主要是希望有助於引導大家一步一步的付諸行動，改變自己。我相信一個人的信念，可以決定你的未來有多偉大，但唯有「行動力」才是讓你真正偉大的關鍵！

或許有些人認為自己沒什麼遠大的夢想或目標，但是，不管你的夢想有多渺小或者你的目標有多短近，永遠只有付諸行動方能完成。人生就像是一輛車，不管是名車還是普通車，只要能開上路的就是好車。而這一路上，你唯一要做的就是：

握好方向盤，因為路要怎麼走由自己決定。

注意前方，因為專注才能抵達自己的目標。

猛踩油門，因為積極才能往前衝！

別忘了踩煞車，因為休息是為了走更長遠的路。

或許也有些人認為自己沒有周全的計畫，只能「走一步，算一步」，但是我卻認為這樣也沒關係，因為「積沙成塔」，你的一個微小行動，都是成功的一大步。人生的路上，不管你走得多慢都沒關係，重要的是得先踏出第一步。千萬不要自我設限，積極面對每一天，告訴自己：

如果不夠正向，可以多積極一點；
如果不夠積極，可以多熱情一點；
如果不夠熱情，可以多付出一點。

親愛的朋友們，要記得每天要求自己做些改變，**如果只是「想」改變，永遠改變不了，付出行動「更新自己」，才能讓自己繼續前進！**

黃金教練與你共勉！

【編輯部再版序】

克服拖延症，實現自我管理

「拖延症」是現代人常見的問題之一，它會影響人的生產力和效率；而時間是有限的資源，每個人都只有二十四小時，如何管理好這有限的時間，讓自己更有效率地完成工作和達成目標，是每個人都需要學習的能力。

雖然，二十一世紀的數位工具發展越來越迅速全面，可是人性的怠惰卻未必因此得到改善。很多時候我們仍然處於「空想」卻無法落實目標，最後感嘆或懊悔的窘境。

在現代社會中，成功的關鍵不在於你擁有多少知識和技能，而在於你有多少行動力。因此，這本《不拖延的微行動，讓你效率更驚人！》在當代更顯得重要！這是一本關於如何增強自己效率、提高自己行動力的指南；從這本書中，我們可以掌握一個重要的概念：行動領先於思考。

作者教導讀者如何通過採取一些簡單的行動，從而激發自己的行動力，從而達到更高的效率。書中指出，行動可以扭轉行動發條，而這種能力可以通過創造動機、從做中去找答案、和「相信自己」等方法進一步增強。除了創造動機，「微行動」也是推動前行的實務方法。我們往往會將自己的目標設置得過高，讓自己無法達成，最終感到挫敗。但是，如果能夠將目標細分成一些微小的改變，逐步地實現，就可以避免失去動力和方向。

此外，本書還提供了許多實用的方法和技巧，不局限於職場，也可以適用於生活中的各個方面，例如健身、學習語言、減肥或存錢計畫等等。就如同本書所提到的：沒有打不開的心，只有邁不開的腳步；創造「動機」就能扭轉行動發條；一個行動，勝過嘴巴說千次行動。

這些平易近人且深刻的理念，一直是身處於繁忙社會的我們時常忽略的重要關鍵，因此在本書問世十年後，我們很榮幸能再次將它帶到讀者面前，無論你是希望在職場和生活中更加成功的人，或是有具體的目標面臨「卡關」，需要一些思維的轉換與建議，我們相信你都能在本書中找到答案。

祝福各位讀者可以通過這本書開創屬於自己的「微行動」，不再受到拖延的心態所困，並且更有效率的實踐目標，成就更加出色的自己！

Contents

Chapter 2 創造「動機」就能扭轉行動發條

Chapter 3 一個行動，勝過嘴巴說千次行動

Chapter 4 沒有過不去的路，只有過不去的人

Chapter 5 幸福是用來珍惜，而不是拿來炫耀的

Chapter 1

沒有打不開的心，只有邁不開的腳步

要讓行動領導想法，不要讓想法影響行動，
現代人常常會有光說不練、光想不做的習性。
要知道，身體動了、心就會跟著動，
當然，腦子也會動起來！

夢想用「做的」要比「想的」更真實

我們小時候一定都寫過一個作文題目：〈我的夢想〉。還記得你曾經有過多少夢想嗎？想當太空人、科學家、大明星、藝術家……。當然，這些夢想在長大後回頭想起來，好像自己也從來都不覺得會有實現的一天。

我想，不是這些夢想太過遙遠、太過虛幻，而是我們自己並沒有真正付出行動。許多人常常說自己的能力不足，所以自我設限、找很多藉口逃避突破；其實，能力不足並不悲哀，悲哀的是沒能找到自己真正的能力，而喪失成功的機會。也有另一種人，他不是覺得自己的能力不足以實現夢想，而是他害怕開始行動之後，反而會戳破夢想的美好，所以寧願讓美夢停留在想像中。

夢想是每個人都需要的，但是我們不能只靠夢想過生活，如果一天到晚只靠夢想來支撐生活，卻從來都不願意為夢想付出代價而行動，那麼當你有天醒來，會突然發現：這一切只不過是一場夢。

只靠夢想來支撐生活，
卻從來都不願意為夢想
付出代價而行動。

如果你不曾努力，
憑什麼要求結果

你會發現，
原本與你同行的人已經甩你太遠。

失敗！

我來說個例子吧：

我們都知道，蘇格拉底（Socrates）是一位很有名的思想家。有一天，他的學生問他：「老師，你已經成為這麼有名的思想家了，我想請教你，你的成功關鍵是什麼呢？」蘇格拉底笑著回答說：「讓我來告訴你吧！『多思多想』就是我的成功關鍵！」這位學生覺得自己獲得了非常珍貴的建議，他躍躍欲試、滿懷熱血的跑回家，躺上床望著天花板，腦子開始快速轉動，他將蘇格拉底的箴言謹記在心，相信「多思多想」會使他邁向成功！

然而，一個月之後，這位學生卻引起家人的擔心了。因為他整個人像著了魔似的，每天除了吃飯之外，什麼事也不做，就是躺在床上思考、思考、再思考，於是他日漸憔悴、骨瘦如柴。蘇格拉底見狀前來關心，他問學生：「孩子，你整天都在動腦，想了這麼多事，你都想了些什麼呢？」學生回答：「我想了好多東西，現在頭腦裡都快裝不下了。」

雖然這位學生似乎貫徹了多思多想，卻沒有真正學到這句話的真諦。蘇格拉底再次教導他，說：「**一個人整天只會想事情，卻不做事，這樣只會產生思想垃圾。因為這些思想對你毫無幫助，與垃圾無異啊！**」

沒錯，人生光有夢想並不夠，我們必須為自己的理想下定追求到底的決心，付諸行動才是成功之道！否則，你的夢想就永遠只會是「美夢」和「想像」而已，是一個不真實的存在，一定會有夢醒的一天。當然，有些人醒來的時候還年輕，有些人醒來的時候年歲已大，更有些人是一輩字都醒不來。其實，在我看來，不管什麼時候醒來都沒關係，只要一旦醒來就別再躺下去了，好好抓緊剩下的時間，努力完成屬於自己的夢想吧！

成功者之所以比別人更容易走上成功之路，就是因為他們懂得在多思多想之後，付出及時的行動，把握成功的機會！不管你的夢想有多渺小或是多偉大，只有「想」是不夠的，唯有行動才能完成它！

想要獲得成就並不是想想就好了。每個人都很清楚這是不可能的事，但仍然常常犯同樣的錯誤。也許我們在行動後得到的結果並不令人滿意，甚至讓我們失去了對自己的信心。但是，不要忘記「人生不是得到就是學到」。學得越多，我們就越有機會得到真正想要的東西！因此，只要願意行動，即使現在沒有得到想要的東西，我們也有可能得到更好的！

不要讓自己「凍」起來

正向的人生態度，就是要讓自己隨時「動」起來，而絕對不要讓自己「凍」起來！

我常常無法用思想戰勝行動，但行動卻能輕易的戰勝我的思想，如果我們想成為真正的自己，那最先必須改變的並不是想法，而是我們孱弱不堪的性格。**要讓行動領導想法，不要讓想法影響行動**。我發現現代人常常會有光說不練、光想不做的習性。要知道，身體動了、心就會跟著動，當然，腦子也會動起來！

決定行動的那〇．〇一秒，通常就是命運的轉捩點。我常常認為最遺憾、最浪費時間的事，不是遭遇到挫折與失敗，也不是沒能達到設定的目標，而是用太多的時間感嘆：「為什麼我當時沒有那麼做呢？我真應該那麼做的！」

你是不是偶爾會有以下這些想法：「如果那時候馬上回答『是』，結果就會……」、「如果願意說出真正的感受，或許就會……」、「如果能夠下定決心立即行動，一定就

侷限在自己的框框中，
感嘆自己的過失

結果只會讓自己成為——

冰凍人

任何的限制，
都是從自己的內心開始的

會……」。與其浪費時間感嘆自己的過失，不如趕緊構思下一步動作來修正你的錯誤吧。

當然不是說我們不能反省錯誤，但我們絕對不能沉溺在過失中。因為人類的性格中多少都會帶點惰性，想要找藉口、想要找安慰，就算再次振作起來，也會開始害怕，導致遲遲無法行動。多少次振作後得到的結果，卻依舊回到原點，我想這就是可惡的性格讓我們失去堅持的力量。**如果想要有一番成就，那就戰勝自己的性格吧，他要不是你最好的朋友，就將會是你最難克服的敵人！**

拿破崙曾經說過：「行動和速度是致勝的關鍵！」而他也確實是一個名副其實的行動家。希望這幾句話能與大家共勉：「不要害怕失敗、不要事後懊悔，打鐵要趁熱，打敗裹足不前的惰性，現在開始馬上行動。」**夢想到成功之間，是「最遠的距離」，同時也是「最近的距離」，而關鍵就在於：你有沒有下定決心付諸行動！**

行動、行動，趕快動起來，而不要讓自己「凍」起來，要達成目標就要靠不斷的行動，一個有行動力的人，總是能完成自己許多的理想，記住，夢想是要靠實踐才能完成的！要知道，**成功者並不是把夢想描繪得維妙維肖的空想家，也不是把計畫想得周全又完美無缺的策劃者，而是腳踏實地的實幹家**。行動不一定能成功，但是不行動注定是無法成功的。好的開始是成功的一半，只要你願意開始行動，那麼你就已經開啟了成功之路。哪怕只贏了別人

○．○一秒，只要搶得先機，成功機會將會大幅提升。

也請記住一句話：不怕錯，就怕拖。想要搶得先機，掌握致勝的關鍵，就是要靠行動力！

親愛的，生活當中，有些負面的人，會經常講一些負面的話，試圖影響你，我們能夠做的就是，拒絕接受別人丟給我們的語言垃圾。所以，若有人常常在你的周邊製造有毒的話語時，請堅決的對他說：「閉嘴，請停止你的抱怨，不要阻礙我！不然，請你離開！」與其擔心將來會發生什麼事，為何不積極花點心思做準備呢？主動思考準備如何解決當前的困難，不要老是讓自己被他人影響而不再前進，只要行動就會得到結果，不管結果如何，至少我們曾經為自己奮戰過，這樣才不會在未來後悔！

想是問題，做是答案！

改變觀念，只能帶來幸福的感覺；付出行動，卻能嚐到幸福的滋味！

如果想得到什麼，就應該付出行動做些什麼，不要老是在一旁觀望與思考，觀望太久只會讓我們更加猶豫不決，思考過頭只會讓我們產生更多懷疑。

有一間古老、香客又不多的寺廟，廟裡的住持對小和尚們說：「我們的香油錢不夠修繕大佛，看看誰有辦法替咱們的廟籌錢，就讓他成為下一任的住持吧。」小和尚們聽了後，大家都開始想方設法，但是整間廟宇除了一些普通的水甕、花瓶，就是山上的一堆大石頭了，一點值錢的東西也沒有，大家越想越覺得沒有辦法籌出錢來。其中一位力大無窮的小和尚對大家說：「光用想的當然無法籌出錢來，這樣吧，我明天搬一個石頭，拿到山下市集去賣看看。」大家聽了齊聲大笑，並對他說一個毫無價值的石頭怎麼可能賣得出去。

第二天一早，大夥偷偷跟著小和尚去了市集，等了許久終於有一個婆婆走過來詢問價錢，小和尚伸出了一根食指，那個婆婆問道：「十塊錢？」小和尚搖搖頭，婆婆又問：「那麼是一百元嗎？好吧，我剛好拿回去壓酸菜。」小和尚不出聲。接著又來一位藝術家問道：「小和尚，你這塊石頭要賣多少錢啊？」小和尚又伸出一根食指，那個人說：「一千元？」小和尚搖搖頭，那個人又問：「那就一萬元吧，我剛好要用它雕刻一尊神像。」其中一位和尚聽到後說：「我的媽呀，一文不值的石頭居然有人出一萬元來買，我們山上有的是呢！」最後，小和尚把這位藝術家帶回廟裡，請他幫忙修繕大佛，並且把石頭送給了他。修好了寺廟以後，從此香客也絡繹不絕，香火鼎盛。

如果我們這一生有太多的猶豫不決與懷疑，那麼將會錯失很多機會，所以只要先行動，就會比別人多些機會！力大無窮的小和尚，一定也不知道會遇到藝術家，但是願意先付出行動的他，最終成功奪得機會。親愛的朋友，遇到問題的時候，請從一個小小的行動中，去戰勝千千萬萬個想法吧！今天你行動了沒？當你願意跨出去時，你就會知道結果是什麼，在還沒跨出去前，一切都只是假設。

當然有些人也會問我，他們不是不想改變，只是找不到改變的動機。也許，很多人都想改變，改變壞習慣、改變個性、改變工作等，但往往最大的問題，是我們無法堅持而放棄。**改變，需要長時間的鍛鍊與維持，前提是要先找出為何改變的動機，如果找不到，只能說安**

於現狀也沒有不好，但請不要再「想改變」，因為想改變只會讓自己越來越痛苦，唯一解決之道就是：行動、修正，接著再行動、再修正，最後不斷行動、不斷修正，才能修成正果。

當然，修正的過程中有一些訣竅與方法，而**只要經過「三動」與「三修」的鍛鍊後，相信最終獲得改變並非難事**。

親愛的朋友們，只有付出行動才能真正解決問題呀！

很多讓自己可以改變的方法既簡單又可實行，但總有些人不以為然；但你一定要知道，有些人正因為相信這些方法並且開始去做，現在正過著幸福美滿的生活呢！如果你曾經想過要做什麼，現在就開始吧！從最簡單的部分著手，一個一個去實踐，別總是說等準備好了再行動，現在就馬上行動吧！

起頭後萬事皆不難

有人說：「萬事起頭難」，確實如此，做任何事一開始都很困難，但是只要使用正確的方法開始行動，就會漸漸變得簡單。

我舉個例子。在我們學生時期，對許多人而言，從電視機前走進房間「讀書」可能不是件容易的事。因為，要收起心來好好坐在書桌前，翻開課本進入「學習興致高昂」的狀態，往往大家一想到就意興闌珊，提不起勁來行動，這就是很標準的「萬事起頭難」的例子。我想這也可能是你我有過的經驗，雖然知道讀書是學生的本分，我們可能會硬逼自己一坐上書桌前，就立即翻開預定的進度「劈頭猛讀」，但是常常會有成效不彰的情形。而這種狀況，我稱之為「表面上的開始行動」，因為此時大腦根本還沒能進入高專注、高思考力的狀態，所以不管你如何努力念書，往往讀不進去，更顯得力不從心，同時也浪費了許多寶貴的時間。

你是不是也有過這種情況呢？這就是沒有使用正確的方法開始行動，這種做事方式與心態，也難怪做起事來總是困難重重，因為你只是身體開始行動，而大腦還在休息，沒有任何動作呢！其實不只是讀書，**在做任何動作前想都沒想，就硬逼自己上場，一定會覺得很困難，奉勸各位一定要先有正確的心態再開始**。

像我做事前都會事先進行簡單的「暖身動作」，至少先啟動大腦的思考模式、集中注意力，儲備夠多的戰力，才有辦法一一擊破困難與挫折。而這個「暖身動作」的概念其實簡單有效且容易實行，不需要花太多的時間，只需短短的三十秒就已經足夠。譬如說，不斷的反問自己各種與行動相關的內容，或是先進行其他瑣碎的準備工作，讓自己的身體與大腦先暖身一下，再開始行動。我相信，只要使用正確的方法再開始行動，即使萬事起頭難，也不會難太久的，這樣不管我們未來要面對任何人、事、物，都必定能更加得心應手！

此外，我們也常常做事碰到困難就輕易放棄，主要的原因就是沒有用正確的心態來面對事情，這樣就算你開始行動，也會事倍功半，越做越沒信心，越做越想放棄。**生活是現實的，你付出多少的代價，就會得到多少的結果，不要老是想用少許的代價，就想換來數倍的成果，世界上沒有這麼好的事，就算有，到最後還是會還回去的**。以前的我，也是沒有正確的心態，常常只想透過橫衝直撞的方式來成就自己，這就是當時的我看待自己的方式，也讓我了解自己有什麼價值。後來，我知道這樣的方式是錯的，便開始投資自己，不斷暖身、做

應該這樣做↓

事先進行簡單的30秒「暖身動作」，
先啟動大腦的
思考模式、集中注意力，
儲備夠多的戰力。

準備，再開始學習並苦練……，就是這樣，沒有任何捷徑，持續不斷的思考再行動，這就是我的方式，我相信每一個人也都做得到！

親愛的朋友，如果人生要活得精彩、充實，請開始認真思考吧！不要像瘋牛般橫衝直撞，應該三思而後行，做好準備，然後出發！

為何萬事起頭難？因為我們沒經驗、沒方法、沒信心，所以常常為自己找藉口逃避挑戰，如果沒經驗就想想那些各行各業的專家，有誰是一開始就有充分的經驗呢？正常來說，大家不都是透過行動來累積經驗，最後才成為專家嗎？如果沒方法，也很簡單，那就找方法，要記住：「路是人走出來的，方法是人想出來的！」如果沒信心，請現在開始付出行動，建立自己的信心，本書將教你很多方法，要記得嘗試喔！

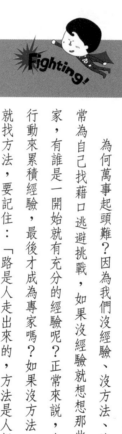

充滿信心的行動力所向無敵

我們應該充滿信心而行動？還是從行動中建立信心？

這個問題沒有標準答案，但是**我認為充滿信心的行動力所向無敵**。一個有信心的人，就代表他對於自我概念與外在環境，有著正向且客觀的評價。所以，他們對自己有充分的自覺、信心與勇氣，當然也就敢多做嘗試並接受挑戰。而且，一個有信心的人，不僅擁有自信，也能信任別人，所以很容易和周圍的人建立良好的人際關係；當遇到任何突發狀況時，都能運用身邊的各種資源，當機立斷並適度修正。而每次妥善處理完一個挑戰之後，都會得到成長的滿足感，從而產生更大的信心，這就是一種良性循環。

相反的，一個缺乏信心的人，面對事事容易出現負面悲觀的評價，隨之而來的就是恐懼、不敢嘗試及前進、不相信自己可以完成任務，甚至會怨天尤人、不相信任何人，這樣沒信心的人，不只在處世上，連人際關係都會出現障礙，久而久之，只會對自己越來越沒信心、越來越沒行動力，形成了惡性循環。

三一一東日本大地震災情嚴重，強震和隨之而來的海嘯使得許多鄉鎮被夷為平地，居民們看著滿目瘡痍的家園，實在不知該何去何從。然而新聞畫面中有位失去親人的老父親滿懷感恩的說著：經由大家的鼓舞打氣、捐款救助，他們漸漸恢復了信心，有了信心之後，他們開始了重整家園的行動，一路上看著家園慢慢恢復，信心又更加堅定。

事實上，信心代表了一種態度，是可以經由改變自己的行為來達成的，而不需要改變環境。比如說，多看成功的案例、多說有信心的話、多思考正面的結果；我相信，這是每個人都做得到的。一旦我們真的做到了，你就會發現，其實是自己在無形中改變了想法與態度，而外在的環境依然如故。也就是說，通往成功的路途或許依然是困難重重，但距離會因為你充滿信心的行動力而縮短。

心理學家羅傑斯（Carl Ranson Rogers）曾有過這樣的研究：「人的一生都在追求自我實現。而這樣的傾向，會促使每個人都具備發展自己潛能的能力，以維持、改善自己的生活。」這正是我們與生俱來就擁有追求成長的基本需求，為了成為一個「自我實現的人」，並完成自己的理想，人類通常會不自覺的展現信心力、判斷力與行動力。因此，一個「自我實現的人」，在日常生活中展現出來的，也就是一個「有信心、具判斷力、且富有行動力的人」，他並不是一個十全十美、完美無瑕的天之驕子，他只是不會過度膨脹自己，也不會刻意貶抑自己，並且坦然面對自己的優缺點，然後全力以赴，理性分析處境並解決問題。

很多事，若因為自己的猶豫不決而錯失良機，那就太令人遺憾了。可惜的是，往往我們不能當機立斷，這才是最大的麻煩。「**知道不代表能做到，做不到是因為你沒碰到，等碰到你就會知道要去做到！**」朋友們，**往前不斷衝刺時，你需要的不是視力，而是勇氣與信心**。人生的舞台上，我們沒有排演的機會，因為每一次都是正式演出，一旦NG也無法重來，所以，你必須把握每一次上場的機會，努力扮演好自己當下的角色。

每天給自己一點自信吧！使自己充滿自信的方法很多，比方說，常常主動去幫助他人，透過助人可以讓我們獲得更多的成就感；常常有機會就表達自己的意見，讓大家知道你是一位敢於表達想法的人；常常和熱情有自信的人在一起，讓自己也能像他們一樣越來越有自信。也許一開始我們很難去突破，但只要堅持做下去，自信感就會慢慢建立起來的，當我們有了信心，行動力就會如虎添翼，更加所向披靡！

改變只需一念之間

人類到底是固執還是善變？這是個很有趣的問題，我們總是擁有一些人生的信念，並依循著這些信念做事，所以某些時候我們是很固執的，如果事情沒有照著心裡的那一套準則走，就會覺得不踏實、渾身不自在。

但是，這個社會又總是充斥著太多可以改變我們信念的人、事、物。比如說，有人因為別人的一句話，改變了想法；有人因為看了一本書，對人生有了新體悟；有人因為體驗了新事件，甚至改變了整個人生。

因此，我認為嚴格說來，人是善變的也沒錯，因為人的一生都在改變。我們也許都曾經有過這樣的口頭禪：「以前的我比較……」、「過去的我總是……」，會有這樣的比較，不就是因為現在的自己已經和過去不一樣了嗎？

當然，我們也是一種慣性動物，許多人不喜歡人生充滿了劇烈的變動，總喜歡安於現狀。我必須說，改變其實無所不在，就算你不願意，人的一生還是會遇到許多意外而促使你改變。最簡單的是，光是大環境就一定會時常更動，與其你拚死拚活抵制改變的想法產生，還不如就接納它吧！人不能總是安於現狀而不求進取，你必須告訴自己：「原地踏步就是退步。」我們應該要隨時精進自己才對。

常有學生會問我：「改變需要多久時間？」

我的回答一定是：「一念之間！」

《計較是貧困的開始》一書的作者周春明，原本是水電工，中年轉業開起計程車後，他的舊習慣仍然存在，如抽菸、嚼檳榔、衣衫隨便……。然而，一次他載遠程客人的途中，當他走進便利商店買水時，突然閃過一個念頭：「計較，是貧窮的開始。既然我會渴，就表示乘客也會渴，那我就順手多買了兩瓶礦泉水。」就是這個一念之間的想法改變了他，讓他的服務態度有了一百八十度的轉變。後來成為許多老闆、名人排隊指定的司機，他的聲譽逐漸擴散並登上了媒體雜誌，並且出書演講。

看看周春明的例子，一個沒有學歷、沒有資金、沒有背景的人，只要願意改變自己放下過去，仍能有自己的一片天，但是有些人不敢面對自己的過去，所以他活在過去中走不出來。其實，我們不必擔心過去如何，要擔心的是自己能否創造更好的未來。一個越是想逃避過去的人，終究還是過去那個舊的人，因為他根本上是沒有改變的。而真正改變了的人會很坦然，因為改變不只是外在，而是要從內心去做一些反省與整理。如果改變了卻害怕別人知道自己的改變，那就不叫改變！

但是，我也必須老實說，光只有想法上的改變是不夠的，當我們願意突破想法上的限制，那還不是心智成熟，若只是徒具想法未曾實踐，時間過得再久，這仍只是腦中的想法，永遠走不出去。所以，想要突破自我設限，那就「付諸行動」吧！

改變人生的第一步，不是你想做什麼，你能做什麼，你敢做什麼，而是你到底做了什麼。不想承認自己是弱者，那就實際做給別人看。要永遠記住這一句話：「**想法上的突破不叫突破，真正的突破永遠是『行動』後才能證明！**」

也許有人會說「改變」只是兩個字，但是真正要去做到確實並不容易。其實，改變真的只需要你的一個念頭就可以引發一連串的連鎖效應，就是如此的簡單。

聖嚴師父曾說：「大鴨游出大路，小鴨游出小路，不游就沒有路。」箇中的道理其實顯而易見，你不行動就永遠不會有出路，而你究竟是成為大鴨還是小鴨，關鍵就在於一個念頭而已，因為你怎麼想，就會決定你的行事方針，也會決定你的世界版圖有多大、你將活在怎樣的世界裡。所以，我們要好好慎思每一個起心動念，因為那將是改變人生的引信！

人永遠不知道自己有多大能耐

許多人都會犯了這種毛病，那就是常常羨慕別人的優點，卻忽略了自己的優點，或者覺得自己的優點不夠稱頭，所以老是想學習別人的優點。其實「天生我材必有用」，只要能肯定自己的強項，並且好好經營，相信有一天你會發現，自己就是別人眼中學習的對象。

在上課時，我總是從每個人身上看到一些獨一無二的潛能，但是如果打從一開始就認定自己的靈魂是毫無價值的，那麼你絕對找不到那個美麗的自我。因此不要再看輕自己了，你永遠不知道自己有多大能耐，就像是一塊寶玉，本來不過就是塊石頭，未經雕琢永遠不會發現它的價值。我們每個人一定也有缺點，只要努力改正缺點，不斷發揮自己最好的一面，要創造美好的未來絕對不是難事。

曾贏得世界冠軍的大陸羽球選手熊國寶有次來台訪問時，記者問道：「你能贏得世界冠軍，最想感謝哪位教練的栽培？」他沉思了一會，坦誠的說：「如果真要感謝的話，我最想感謝的人是自己，因為當初沒有人看好我，是自己從不放棄，才有今天的我。」原來他入選

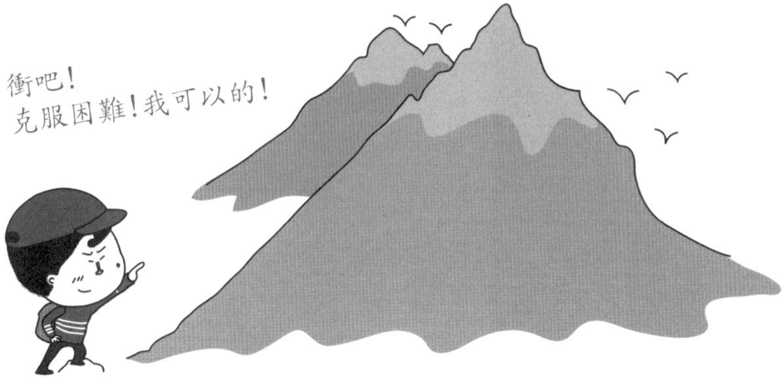

只要能戰勝自己，就能

獲得眾人的掌聲

中國國家代表隊時，從沒被視為是奪冠的熱門人選，因此教練們都只是要他陪著明星選手練球。經過許多年，他每天花比別人長的時間練球，成為隊友的最佳練球對象。有一年他入選參加世界大賽時，第一場就遇到最強勁的對手，成為大家眼中的「犧牲打」，沒想到他竟然一路贏到最後，得到了世界冠軍，跌破了大家的眼鏡。

也許這一輩子，我們碰不到別人說的「伯樂」，但我始終相信，只要讓自己成為「千里馬」，「伯樂」就會出現！所以請**相信那個與眾不同的自己，不要去追求別人眼中的你，每個人都有屬於自我的天賦，只要能找出這項天賦，成功將指日可待**。有些人的天賦是讀書，有些人是做生意，有些人是程式設計，有些人是玩數字，有些人是運動，有些人是跳舞，有些人是唱歌，有些人是演戲……，我相信人人都有自己獨特的天賦，但是自己卻不一定發掘得到。而在所有的天賦當中，最讓人欣賞的天賦叫「努力」，如果你發現找不到自己的天賦，沒關係，從現在開始就和我一樣，讓「努力」成為我們的天賦吧！

請記住，個人的心志沒有任何人能掌控，只要能戰勝自己，我們絕對能成為自己最棒的主人，別再用狹隘的想法，老是去否定自己或任何人、事、物，為什麼不做更好的自己？這世上每一個人都是重要的，誰說這個世界少一個你，也沒有什麼不同？我們不需要為別人而活，唯有努力找出自己的價值，才能讓自己活得精采。

常常聽到很多人一旦遭遇困難，就馬上舉白旗投降承認：「我不能！」其實，不是「不能」，而是「不要」，如果當我們很想要、一定要，那一切都將會變成可能！親愛的，從現在開始，不論面對任何挑戰，馬上給自己一個信念，並用盡全力大聲的說：「我一定要！」我敢保證，當我們「一定要」的時候，我們就「一定能」！

拋開「我執」意識的迷思

《莊子》裡有一個知名的「濠梁之辯」的故事。

莊子和好友惠施在濠水的一座橋上散步。莊子看著水裡的魚說：「鯈魚在水裡優游自在，這些魚真快樂。」惠子說：「你不是魚，怎麼知道魚是快樂的呢？」莊子說：「你又不是我，怎麼會知道我不知道魚是快樂的？」惠子說：「我不是你，當然不知道你了；同樣的，你不是魚，自然也不知道魚是不是快樂囉！」莊子說：「請回到我們一開始的對話。你問「你怎麼知道魚是快樂的」，這就表明你已經知道我知道魚的快樂了，所以才來問我。至於我怎麼會知道魚是快樂的呢？我在濠水上賞魚時，就知道了啊！」

這一場距今兩千三百多年前的辯論，仍讓人們爭論不休，究竟是誰的話比較有理呢？其實，很多時候，我們都是從「我」的角度、「我」的了解、「我」的希望出發，而這也是佛教術語中「我執」的觀念，簡單來說，當我們對於任何人、事、物有所意見和想法，並且執著在自己的立足點上，就是「我執」。

有些人喜歡聽一些自己早已認同的觀點，然後非常執著的認為自己才是對的，殊不知這是掉入了先入為主的迷思，也是人的通病，非要等到事實證明了之後，才能覺察到自己的無知，但是往往為時已晚。所以，**常常修正自我意識上的偏差，才能讓自己不至於變成一位讓人討厭的強勢主觀者，也才能發現不同的人對於我們說話的用心**，我們才能重新做出評價與判斷。

也有些人一輩子都只會批評別人，只是為了證明自己比他人好，這樣的人你會發現他們通常共同的特點就是「自傲」、「我執」、「憤世嫉俗」，而且常常自以為好的事情，就要叫別人也認同他，如果對方不認同，就會想盡辦法要說服別人，結果造成他人不悅。碰到這種人，最好的對待方式就是不予理會，一個不懂得去欣賞他人的人，只會讓自己更加的孤僻與自以為是，與人相處還是要學會放下自己心中的「我執」呀！

那麼該如何練習放下「我執」呢？其實有個很簡單的方法，每天在睡前練習想像：將自己的一切全部放下，放下顯赫的地位、放下名氣的光環、放下一切恩恩怨怨，把自己歸零。其實只要放下「我執」，對於其他人怎麼對待自己也就不會那麼執著。

記得曾經看過這樣一段話：「**世上最難解的鎖是心鎖，最難開的門是心門，最難點的燈是心燈，最難走的路是心路。**」只要能放下「我執」，人生就能自由自在。而生命中如果能有這兩種人，一種是打開我們心門的人，一種是陪我們一同的走過心路歷程的人，那我們都該心懷感激，因為他們讓我們拋開「我執」，學會從不同角度和高度看事情。

我們都很容易被外在欺騙，一般人都有「我執」意識的迷思，當我們認定某人、事、物的時候，就會開始用自己的感覺來行事，喜歡一個人時，他說什麼都是對的，別人說的就僅供參考；喜歡做一件事時，就可以做到廢寢忘食，覺得做其他事都沒意義；喜歡一個物品時，就會覺得它是寶物，其他都是廢物。如果我們可以嘗試打開心中的那雙「慧眼」，我相信這世界許多的美好，就會讓我們親眼看見。

想法的正負決定勝負關鍵

「只要面對陽光，陰影就在身後。」我們都知道正向的力量很重要，卻往往很難保持正向的思考。

某天晚餐時，孩子開心的訴說他今日演講的主題「將來的志願」是當小丑，老爸聽了很生氣的罵他：「沒用的傢伙，孺子不可教也！」原本笑容滿面的孩子聽了，馬上垮下臉來，不知道自己這個願望哪裡錯了。這時，媽媽出來打圓場說道：「可是我覺得很好呀，希望你將來把快樂和笑聲帶給全世界！」此時，孩子才又重展笑顏。從對話中我們聽得出正負面思考的影響力，父親的負面思考為孩子帶來挫折與否定，而母親的正向思想則鼓勵與支持了孩子的夢想和對未來的希望。

有時，看一件事的角度，決定了我們自身的世界，更影響了我們周遭的家人與朋友，**成功的定義是廣泛的，千萬不要狹隘了自身的格局**，所以我要提醒大家重視「正面思考」的力量。

從許多成功人士身上，也都可以發現勝利的人往往贏在正向思考。例如華語歌壇天王周杰倫在成功之前也經歷過漫長不如意的過程，他剛開始在音樂公司擔任音樂製作助理，雖然創作力驚人，但是作品一直得不到老闆吳宗憲青睞，甚至有一次當著周杰倫的面將剛寫好的歌曲揉成一團，隨手丟進垃圾桶裡。當時周杰倫覺得十分難堪，但是他依然持續努力，而他在面對各種挫折與外界批評時，並非不予理會，而是轉換成正面思考，如節目收視率差，他並不當成失敗，只認為和預期成績不同，是市場不對。他表示：「如果我不這麼想，對喜歡且持續支持我的人又怎麼交代？」幸虧他不被這些挫折打敗，也才有今日的成績。這就是正向思考的力量，即使不被看好依然選擇不放棄，最後才能成為國際巨星周董。

所謂做人難、難做人，**不要老是抱怨自己懷才不遇，如果你真的是人才就永遠有機會**，但麻煩的是，往往我們高估了自己的價值還不自知，反而故步自封不知長進。要知道，一個人的價值，在於我們怎麼不斷提升自己，今天你願意開始創造自己的價值，那麼未來就會讓人看到你真正的價值。如果你對自己的生命沒有期待，那只代表已經失去了活力與光彩，請打起精神吧！不要老是唉聲嘆氣的，我們想法的正負可是會決定最後勝負的關鍵呢！

也許你還是會問，我們為什麼要正面思考？如果一直處在困境之中，又該如何持續正向？其實，有些事情應該反過來想，當我們在順境時，還需要正面思考嗎？正向你不一定需要，但是負向我相信沒有人需要，卻又往往無法避免，所以一個人能持續正向多久？我想當你只要都不產生負面思考的時候，就能一直維持正向生活了！

我相信，每個人都想讓自己變得更好，而任何改變的成功關鍵，取決於你願意為你的改變付出多大的代價！而改變是需要方法的，最簡單的方法就是「刻意進行」，因為刻意進行一件事，久了就會成為一種習慣，許多成功的人都是這樣成就自己的，也許一開始都會覺得很假，但事實證明，假的做久了就會變成真的，所以經常的正向自我催眠，相信你我都有機會成為人生常勝軍。親愛的朋友，別只是告訴自己：「我知道要正面思考了！」請開始付出行動，每天一大早就開始對自己說：「我是正向的人，我每天以正能量面對人、事、物，我相信我能影響他人，而不被他人影響，因為我是最好也是最棒的！」

戰勝懈怠的最佳武器

戰勝自我懈怠的那顆心，人生才會與眾不同！美國前總統尼克森（Richard Milhous Nixon）曾經說過一句話：「**人類的知識科技，已經征服了『外太空』，但是，卻無法征服人們心裡的『內太空』！**」

我也常常和「懶惰」這傢伙決戰，它真的很強，每當我快戰勝它時，就會發現它又開始幻化成另一種形式來侵蝕我。每天都會跟這個可怕的對手來一場生死格鬥，雖然有時還是會敗下陣來，但是我知道它也是有弱點的，因為它很害怕我的好朋友，只要它一來到，「懶惰」就會不戰自降，而我的這位好朋友，它的名字就叫「意志力」！你認識它嗎？

其實在我們每個人的心中，都住了兩隻異形，一隻叫做「懶惰」，一隻就叫「意志力」，你猜最後誰會勝利呢？很顯然的，最後勝利的結果與體型大小無關，而是你相信哪隻異形會勝利，它就會勝利。而懶惰這隻異形可分為三種類：

最強壯的異形，想法上懶惰，行為也懶惰！

次強壯的異形，想法上不懶惰，行為懶惰！

最弱小的異形，想法上懶惰，行為不懶惰！

因此，催化出那隻心中真正勇猛頑強的「意志力」異形，去戰勝那隻讓你對生活了無生趣、停滯不前的「懶惰」異形吧！

美國游泳健將、有「飛魚」之稱的菲爾普斯（Michael Fred Phelps II），在奧運的精采表現屢創紀錄，他已經創下奧運史上獎牌數量最多的選手紀錄。最難能可貴的是，即使他擁有游泳的天賦，卻依然伴隨著永不懈怠的態度，才得以將天賦發揮到極致。他的教練鮑伯・波曼（Bob Bowman）說：「也許有人會說『明天再做吧』，但是我都會強調『不！就是今天做』，而菲爾普斯總是不需要我多做提醒。」菲爾普斯曾經在自傳中提到：「我每天早上都堅持在五點起床，每當鬧鐘響起，雖然很想在溫暖被窩中多躺一下，但是想到強大的對手，我就會毫不猶豫地趕往泳池，將溫暖的身子丟進冰冷的池水中練習。」即使連聖誕節也不例外，而他戰勝懈怠的最佳武器就是不服輸的心態。

以前我也常常想透過免費的方式來成就自己，但是後來我開始慢慢學習投資自己，不懈怠、不找理由、不抄捷徑，漸漸地找到自我價值，也讓自己更有行動力。如果，我們因為個性上的怠惰與態度上的隨便，而不願為自己的未來付出行動，那就沒有任何人可以幫你了，一個連自己都不願幫自己的人，別人要如何幫你呢？

親愛的朋友，如果人生要活得精彩、充實，請開始付出行動，並且用堅定的聲音對自己認真大聲的說：我將來要成為人人眼中的「績優股」，不要變成「雞屁股」！

「積極心態」是戰勝懶惰最佳的意志力，我發現一個成功者，在他身上一定會擁有這項特質，而且也會看見他們每天充滿熱情活力。也許我們大部分的人都不是一開始就能擁有「積極心態」這項特質，但只要我們每天不管在各個方面，都能開始付出行動，久而久之也就能夠養成「積極心態」了！

人生最不能浪費的就是時間

等紅綠燈時，我佇立在街頭，看著電子看板上醒目的大時鐘，秒針催促著分針，分針追趕著時針，分分秒秒的轉動，絲毫不會停下腳步，人們也不自覺的加緊生活步調，以便趕上時間的流逝，但是在緊湊的生活節奏中，往往大家還是感嘆時間不夠用。

年輕時的我，總是認為自己時間很多，所以從來沒在乎過時間夠不夠這個問題，只要朋友找，有人約，幾乎都不缺席。可是後來年紀漸長，才發現原來時間如此珍貴，尤其在洋溢著喜氣與歡樂的跨年倒數結束後，更讓人驚覺一年的時間竟這麼快又結束了。

孔夫子看見河水東流，日夜不停，曾經感嘆的說：「逝者如斯夫，不舍晝夜！」意思就是說，時間的流逝，就像這河水一樣，日日夜夜都不曾停歇啊！我們也知道人生當中，最不能浪費的就是時間，時間對任何人來說都是非常寶貴的，所以**請把時間留給自己，不要花太多時間去評斷他人**。

知名文學家魯迅，一生多病，而且工作條件和生活環境都不好，但是他每天都要工作到深夜才肯罷休。美國人說Time is money（時間就是金錢），但是我想，在魯迅的眼中，時間就是性命。倘若無端的空耗別人的時間，其實與謀財害命無異。因此，魯迅最討厭那些成天東家跑跑，西家坐坐，說長道短的人，在他忙於工作的時候，如果有人來找他聊天，即使是很要好的朋友，他也會毫不客氣的對人家說：「唉，你又來了，就沒有別的事好做嗎？」許多人常常都將自己的時間浪費在他人身上，喜歡道人長短，當下是嘴巴痛快了，心裡舒坦了，卻將自己與別人的時間給糟蹋了，這樣真的很不值得，偶爾小抱怨說說可以，但請千萬不要變成一種常態，因為人生短暫，要把時間花費在對自己有益處的地方。

發明大王愛迪生（Thomas Alva Edison）也是一個積極善用時間的人。愛迪生常對助手說：「最大的浪費莫過於浪費時間了。人生太短暫，要多想辦法，用極少的時間辦更多的事情。」他一生只上過三個月的小學，其學問的來源都是依靠母親的教導與自修，正因為他懂得用最少的時間做最準確的事，才能夠發明電燈、電報機、留聲機、電影放映機、磁力析礦機、壓碎機等總計兩千餘種新產品，成為改進人類生活方式的偉大發明家，為這世界做出許多貢獻。當我們意識到我們的人生太短，時間永遠不夠用，那就該好好的把握利用。

有個學員跑來跟我說：「老師，我每天都好擔心，擔心自己充實的太少，擔心自己明擔心各種問題，老是想著怎麼辦？

被壓力的巨石壓垮

安靜下來，去做自己該做的事情；心可以碎，手不能停，不要讓煩惱和焦慮，毀掉你本就不多的熱情和定力。

天會不會更好……有太多要擔心的事了，但是扣掉上班，做家務還要照顧家人，時間真的不夠用怎麼辦？」我告訴他：「擔心是難免的，儘管當下總是有許多擔心，但唯一不讓我擔心的就是『過去』！」儘管人生中難免有許多要擔心的事，但這些從來都不會造成我的問題，因為**擔心是多餘的等待**，**行動才是安全的動力**，過去的事已經發生，把握當下不是實在一點嗎？就因為這樣的心態，反而讓我更珍惜時間，隨時備戰！

親愛的朋友，把用來擔心的時間拿來建設未來吧！

有人說「亡羊補牢猶未晚」，雖然有時真是如此，但請別一直抱持這種心態，因為歲月不饒人，正所謂：「千金難買早知道」，記得常常告訴自己，想做任何事，何時開始都沒關係，可一旦開始之後就不要放棄！別再浪費任何時間在不必要的人、事、物身上，只有懂得掌控時間，才能加快提升自我的速度！

了解自己才能正確投資

課堂上，我也問過許多大學生為何選擇現在所讀的科系，結果常常聽到的一個答案就是：「是父母要我選的！」許多人不知道自己到底要什麼，所以當別人一告訴他什麼對他有幫助，他就一股腦的相信，由於對自己根本不了解，所以對於他人所說的就容易全盤接受。

人生的路上，總是有需要選擇的時候，如果不了解自己，那麼就無法下正確的判斷。所以，千萬不要沒來由的聽信別人告訴你：「想賺錢勇敢向前衝就對了。」會叫你去衝的人，通常他只要出一張嘴，但真正衝得頭破血流的是你，因此凡事要先了解自己的能耐，知道自己所能為何。好比說，如果你真的不適合從事業務，就盡早放棄，才能找到適合自己的其他工作，如果你發現坐辦公室實在痛苦，那絕對不要選擇走行政或是公務員一途，這就是自我了解的第一步，知道自己的能力適合放在什麼位置，比去從事人人稱羨的工作更為重要。

要先知道自己喜歡什麼，缺少什麼，找對方向之後，就要好好投資自己去實踐完成。從很多在專業領域發光發熱的人才身上，我們都不難發現「了解自己」是一種絕對性的指標，國際知名大導演李安就是一個最好的例子，因為他選擇真誠的面對自己與人性，所以能用全部的生命在電影產業孤注一擲，甚至熬過閒賦在家六年的煎熬，至今他的作品可說是部部精彩又兼具深度。

那麼究竟該如何投資自己呢？也許有人說：「我沒有錢，所以無法作什麼投資。」其實投資不僅是金錢的投資，還包含人脈、經驗、知識等投資。例如，自己對英文很有興趣，那麼也可以利用廣播練習聽力，或是到一些接待外國旅客的機構當志工，不但可以累積經驗，更可以藉此練習會話。只要積極掌握學習機會，都是對於成就自己興趣最好的投資。

電視節目「型男大主廚」中的阿基師，之所以能夠紅透半天邊，仔細研究不單單僅是來自於擔任國宴御廚的好廚藝，更是懂得不斷學習以投資自己。據說他曾為了加強自己「說」料理的能力，寧願只收廚師收入五分之一的鐘點費，在學校教了七年多的烹飪課。為了累積電視節目製作經驗，當別的廚師開出上電視一道菜五、六千元的天價時，他卻願意降低價格接下通告。他謙虛的說道：「我是去學習電視經驗，不能太計較。」也由於他對自己的投資，最後甚至獲得金鐘獎最佳綜合節目主持人獎。

我認為**這世界上唯一最有效益又沒有風險的，就是「投資自己」！**所以，不需要抱怨別人做得比你少，要心懷感謝，你比別人學得多，也進步的比別人更快。

每個人都有自己的優缺點，所以每個人都應該嘗試去學習如何提升優勢、控制劣勢。而要了解自己能耐最好的方法，就是常常付出行動去發掘。好比說，如果你發現自己很喜歡唱歌，而且唱得還不錯，那就去參加歌唱比賽試試；如果你文章寫得不錯，就嘗試投稿到出版社試試；如果你很喜歡上台表現自己，那就嘗試去學習如何當一個主持人；透過不斷的嘗試，相信我們一定能更了解自己，也會更清楚該把自己放在什麼位子上，這就是「試試看」的精神。

Chapter 2

創造「動機」就能扭轉行動發條

「你的靈魂期待著什麼，就能讓你做成什麼事。」
當你什麼都不敢期待、不敢奢求時，
那麼當然也就什麼都無法完成。
因為人們不會為了沒有希望的事付出行動！

激發自己的成就感

許多人都說，自己的工作找不到所謂的成就感，我卻始終相信，任何工作都能找到成就感。

什麼是成就感呢？**成就感就是做自己最有興趣的事，而不斷會有熱情灌注的一種感覺**。

有人說：「我不過就是一個小小的餐廳服務生，真不知道能有什麼成就感？」像這樣自我否定的話，常常都會聽到，可以的話，請讓自己更多正面思考吧！比方說，你可以這麼想，如果你是餐廳的服務生，讓顧客稱讚你的服務很好，讓人有賓至如歸的感覺，而客人因為你的服務，能感受到幸福愉快的心情，相對的你也會得到同樣的回饋時，你就會有成就感。

如果你是油漆工人，顧客稱讚你粉刷的技術一流，讓他的房子煥然一新，感覺自己的家變得很溫暖，臉上洋溢著滿意的笑容，不斷對你讚譽有加，你就會有成就感。

如果你是個公務員，民眾在接受完你的服務後會跟你說：「哇，你的服務真好，實在太感謝你了，我今天真的很開心，居然碰上你這麼棒的人！」那你就會有成就感。

朋友們，**千萬不要小看自己的工作，只要你是真的熱愛自己的工作，就請全心投入，相信你一定會在你的工作崗位上找到「成就感」**！

有句諺語我很喜歡：「**人為自己增加價值叫做成功，但是只有為別人增加價值時，才叫成就！**」這句話說得真好，有時在教學的過程，真正能讓我獲得成就感的就是，看到學員願意為了改變自己付出行動。其實，要為自己增加價值而獲得成功，有很多事可以做，但是往往我們這一生中，能為他人增加價值的機會卻很有限，所以我格外珍惜每次授課的當下。就像教學過程中，即使有些學員一開始上課並沒有很專心，我還是很認真教學，因為我抱持著一個信念：「我絕對不被他人影響，我一定能影響他們！」就是這個信念，讓我不斷影響了學員後來學習的態度。所以，這一生我期許自己能不斷發揮自己的影響力，去協助他人增加價值，也間接能讓我自己獲得更多的成就感。

如果我們是用混日子的心態在上班，相信應該沒多久不是離開，就是留在原地沒尊嚴的繼續過漫無目標的生活。有人在一個地方工作了十年，從來也不覺得累，因為他喜歡這個工作，有人在一個地方工作了一個月就很累，因為他厭惡這個工作，可是真正厲害的是那些厭惡自己工作的人，可以忍受自己的不愉快，每天擺著一副消化不良的態度，繼續壓抑自己，直到有一天受不了時，選擇點燃自己的情緒炸彈自爆，這樣的情節，似乎常常在我們四周圍上演，真是悲情的人生啊！

親愛的朋友，請為自己的工作注入快樂的泉源，創造工作中的成就感，並期待你也能敞開心胸喜歡上自己的工作！

從今天開始，付出行動，刻意要求自己找出生活中或是工作中，讓你做了會感到有價值的事情。比方說，從今天就開始讚美自己的家人及同事，你會發現他們也很開心覺得自己很棒，這時你一定會很有成就感。或是今天開始去參加可以認識更多人且很有意義的讀書會，參加完後，一定會覺得收穫滿滿，那也是一種成就感。

我相信只要付出行動，一定能找出更多的成就感！

將熱情注入生活的每一天

你對你的工作「熱情指數」有多高呢？每天上班是心情鬱卒，還是幹勁十足？其實，「熱情」對於我們的心態有著長遠的影響力。所謂「路遙知馬力，日久見人心」，無論是事業或是各種人際、情感關係，能讓我們想要繼續發展的事物，多半都是我們感到興趣的，但是要達到永久不滅的程度，就需要一些熱情。如果你覺得在工作上沒有成就感，那表示你根本對現在的工作是沒有熱情的，真的建議你可以轉換跑道了！因此，若能善用熱情持續力來檢視自己的目標，也不失為一個了解自我的好方法。

一時的熱情，只是一種生理的反應，一世的熱情，絕對是蘊藏有愛的真義，我個人觀察到的現象是，會消退的熱情，只是為了達到某種目的，而被激發出來的一種生物本能，但真正能長遠不滅的熱情，卻是已經內化在我們心靈深處，而能隨時讓人感受到的一種能量傳動！

相信大家對南丁格爾（Florence Nightingale）一定不陌生，她從小就對動物非常有愛心，筆記中也曾寫道：「不管什麼時候，我的心中總放不下那些苦難的人群……。」出身貴族家庭，卻不顧家人反對，突破巨大精神壓力，專心致志於學習醫學與護理知識，甚至拒絕了真愛，她給戀人理查（Richard Monckton Milnes）寫的信中提到：「我注定是個漂泊者。為了我的使命，我寧可不要婚姻，不要社交，不要金錢。」由於南丁格爾發現到自己的熱情來源，才能本著這股熱情，決心將護理的工作變成自己的天命。最後，她不僅成為一個真正的護士，還成功的讓這份工作倍受尊敬，而活出屬於自己生命的價值。

記得有位學員請教過我關於職場上與主管溝通的問題，我回答他：

員工最怕的是情緒化、口出惡言的上司！

主管最怕的是無能又賴著位子不走的員工！

會有這樣的認知，原因是彼此從不了解彼此，在上位的人用高傲的態度告訴自己：「我不需要委屈自己去配合部屬的需求。」身為部屬的人認為：「我不需要說太多，說了也沒用，反正官字兩個口。」站在不同的角度看事情，自然會有不同的想法與解讀，其實這都不重要，真正重要的是，如果你把公司職務當成是你的「志業」去用心經營，我想心態上就會有一些調整了。

一個真正熱愛自己工作的人，自然會有辦法做好自己當下的工作與角色扮演，因為願意

利用喜歡的事情提振精神
（例如聽音樂、運動）

↓上班時幹勁十足

活力旺盛！
幹勁十足！

投入時間與心力，但是如果只是一味想改善表面的關係，請記住，那永遠是表面。因此，如何知道自己是否熱愛工作呢？很簡單，如果當你早上起來時的念頭是：「天啊！好累喔！又是痛苦的開始。」那就絕對不是。如果當你早上起來時的念頭是：「天啊！好棒喔！又是快樂的開始。」那就絕對是。

所以，親愛的家人朋友，請一定要真正樂在工作，找到讓自己繼續保持熱情的動機。

哲學家尼采（Friedrich Wilhelm Nietzsche）說：「為了擁有正確的思想，熱情和熱衷是必要的。」如此才能正確的觀察每一件事物。學會從一大早就開始注入不可思議的熱情吧！一早起來可以聽首激昂的音樂，振奮自己的心情，讓我們不僅只是為了過生活，更能讓我們在平凡生活中活出屬於自己的傳奇人生。

期待越多，希望越大

你心中是否總是抱持著一份期待呢？

有人會說：「期待越多，失望越大！」

我卻以為：「期待越多，希望越大！」

英國心理學博士葛雷姆・華特說：「思想就是力量，妥善運用思想的力量，我們既可以塑造自己，也可以改變環境。」因此我每天充滿活力的方式，就是在心中充滿期待，因為只有正向的人，才能扭轉乾坤，完成自己的信念。

村上太一（Taichi Murakami），二十五歲就成為日本史上最年輕的上市企業主。他小學時的願望就是要當一家公司的社長，有些人可能覺得抱著這麼大的期待，萬一失敗了，失落感不是很重嗎？但是村上卻對他自己的期待抱持高度希望，在高中時他已經朝著自己的目標進行準備，不但考了簿記、系統管理等資格檢定，而且在早稻田大學一年級時，也積極參加大和證券舉辦的「創業家養成基礎講座」，並且獲得了創業企劃競賽優勝。二〇〇六年村上成立屬於自己的網路公司Livesense，經過多番努力，終於在二〇一一年成為上市公司。村上描繪他的創業目標：「我想開發出如同代名詞一般，讓人覺得不可或缺的服務內容。」

白手起家的村上在這段期間當然也是碰到重重困難，就如同許多業務朋友都曾碰到瓶頸一樣，有些人因此慢慢失去了自信，便開始只求賺取足以溫飽的薪水，對工作沒有特別期待。這當然不只有業務會碰到現實上的問題，我想很多工作也有同樣的處境，可是如果以這樣的方式工作久了，結果往往是灰心喪志的離職收場。**美國心理學家詹姆斯曾說：「你的靈魂期待著什麼，就能讓你做成什麼事。」**當你什麼都不敢期待、不敢奢求時，那麼當然也就無法完成。例如，假使你想突破瓶頸，但是卻覺得不抱期待，那麼你一定不會為這件事付出任何行動，因此結果怎麼可能突破瓶頸，開創事業的另一片天空呢？

期待，總是讓人興奮莫名；沒有期待，總是過著沒有活力的日子。日子雖然每天在過，有些人過得非常的充實，有些人則是過得非常的務實，但有些人常常讓自己過得遠離現實！不管你想過什麼樣的生活，那都是我們自己的選擇，沒有對錯，只有你自己覺得好或不好。我認為當有一天，你開始想為自己的人生負責時，就會開始充滿期待，也願意為將來多付出一些行動。

生活當中所經歷的人、事、物，就像是調色盤中的五顏六色，而生命就像是一張白紙，有些人終其一生，不過就是鬼畫符，完全看不懂，然有些人是走寫實風，平淡卻踏實，還有些人是抽象畫，讓人似懂非懂，但有些人卻是畫出了令人驚呼連連的曠世鉅作，讓人留連忘返呀！親愛的朋友，你期待畫出什麼作品呢？讓我們一起努力畫出精彩可期的人生吧！

如果你對生活沒有了期待，那就表示，你真的要好好沉澱一下了。不過，沒有關係，因為你只是暫時失去對生活的期待，如果可以，從現在開始，請與親朋好友或是同事多聊聊，讓別人有機會可以更認識你，了解你的感受。多跟大家分享你能為大家做什麼，以及大家能為你做什麼，相信只要你開始這麼做，你會發現自己越來越充實，也會發現很多人對你是有所期待的，你也會因此對自己未來的路看得更加清楚，更能慢慢找出自己的定位與價值！

興趣是點燃行動力的火苗

許多人常常將專注力放在自己「不想要」的思維上，並且時常圍繞在那些根本不喜歡的人、事、物上打轉，這真的很矛盾，既然是不喜歡的，為何要花時間去想呢？為何不將精神和時間放在自己喜歡的人、事、物上面呢？只要我們在想法上，盡量做到不去理會一些對自己沒幫助的事情，專注在自己想要完成的事物上，那麼我們一定有能力去完成想要達成的目標，因為興趣會讓我們產生投入且專注的行為。

有天我到泳池游泳時，發現有一位女管理員很認真的到處巡查，有時清清地上的小水灘，有時檢查設備，不然就是整理浮板。雖然泳客寥寥無幾，但是她並沒有因此偷懶打盹，從我進去到離開，她一刻也沒停下來過。這位女管理員一副樂在其中的樣子，讓我覺得很欽佩，我認為她應該是把這份工作變成自己的興趣，並且從中找到了樂趣，並不是因為上面規定而制式化的草草了事。

畢卡索（Pablo Ruiz Picasso）說：「每個孩子都是藝術家，問題在於如何讓他長大後仍是藝術家。」這不僅適用於孩子，也適用於每個成人，不論我們想成為什麼，一定要先將興趣找出來，才能點燃我們對工作、對人生的熱情。因為興趣是一切行為的動機，在興趣之中我們可獲得各種有形、無形的成長條件。事實上我們都明白「台上一分鐘，台下十年功」，能撐過數十個春夏秋冬，而不輕言放棄，一定是有某種動能，而我認為替這種動能補充能量的，就是「興趣」了。

那麼，**該如何檢測我們對一件事情是否有興趣，最簡易的方法就是觀察自己對於那件事情的「渴望」，如果對於某件事充滿渴望，那麼也會迫不及待的想去實行**。美國保險業銷售天王所羅門・希克斯（Solomon Hicks）接受採訪時表示，自己從事保險業多年，但是每次參加公司的表揚大會時，看著公司頒發給第一名的紅夾克，他總是想：「得獎這傢伙跟我做得有什麼不一樣？為什麼第一名不是我？」他相信自己成為第一名的美夢一定會實現，因此找遍全美各地，尋求跟公司一模一樣的紅夾克，最後甚至從聖地牙哥飛到芝加哥去買，然後在家照著鏡子演練自己拿下第一名的得獎感言。穿上紅夾克的渴望，就像汽油點燃動力讓他用力踩下油門似的，最終完成了自己的夢想。

各位親愛的朋友，請隨時保持渴望的動力，千萬別讓自己不抱任何希望。也許有人會說，我的人生很務實，沒有特別的夢想跟興趣，其實所謂的興趣是指一種生活態度，一種目標，只要我們提醒自己凡事求有也求好，好還要更好，相信一定能展現出非凡的行動力。

如果我們的生活，對任何人、事、物都沒有任何興趣，想想那是多可怕的事啊！想找出自己對什麼有興趣最好的方法，就是不斷在生活當中去做多一點的嘗試，因為每個人的興趣都不一樣，所以唯有不斷透過親身去體驗，才能找到自己真正有興趣的事。當然，一旦你找到了，請記得千萬不要放棄，因為那有可能就是你成功的最佳機會呢！

參加「人生金馬獎」

在人生的舞台，你就是這齣戲的主角，沒有人能幫忙代演，只能靠自己的力量，奮力演出，演得不好就繼續下台苦練，演得好也要保持下去。**不管你現在是A咖還是B咖，將來有機會一定要讓自己參加「人生金馬獎」，我相信在人生的舞台上，沒有小角色，只有小演員，只要勤奮不懈怠，總有一天會成為最佳男女主角的。**

電影《阿甘正傳》（Forrest Gump）裡阿甘說過一句名言：「現在即使我告訴你，你也不會相信我，但是我真的能夠跑得像風在吹。從那天開始，如果我要去什麼地方，我都用跑的！」阿甘只是一個智商只有七十五、連公立學校都不想收的低能兒，卻能活得這麼成功，原因就是出於他相信自己，因此最終在他的人生金馬獎中，成為令人稱羨的最佳男主角。因此，千萬不要被別人看輕，隨時要提醒自己，一定要讓那些曾經不看好我們、打壓我們的人知道，我過得比你想像的好，而且要常常告訴自己：「我絕不輕易倒下！」如此一來，一定能擁有源源不絕的力量去克服任何難關，過自己想要的生活。

從以前到現在，我發現最難做到的一件事，就是「相信自己」，所以，常常會不斷給自己打擊，後來我開始學會相信自己，並且很明確的告訴自己：**「你想成為什麼樣的人，你就能成為什麼樣的人，除非你根本不相信自己能成為那樣的人！」**請記住，就算全世界沒有人相信你，你也必須成為那個唯一相信自己的人，要相信自己勝過任何人的眼光。

跟各位分享一個有趣的故事，一群壁虎在比賽誰能爬上最高的鐵塔。比賽開始了，一大群的壁虎看著那高大的鐵塔議論紛紛：「這太難了！我們絕對爬不到塔頂的……」「塔太高了！我們不可能成功！」聽到這些，有些壁虎便放棄了。看著那些仍然繼續爬的壁虎，大家又繼續說：「這太難了！沒有誰能爬上塔頂的。」就這樣你一言我一語，越來越多的壁虎退出了比賽。但是有一隻卻越爬越高，最後當其他的壁虎都無法再前進的時候，牠卻成為唯一到達頂點的選手。其他的壁虎都想知道，牠是怎麼做到的？於是便跑上前去詢問，才發現原來牠是個聾子！

朋友，你知道這個故事告訴我們什麼嗎？是的，**嘴巴是別人的，但人生卻是自己的！**如果確定是自己想要追求的目標，那就不要怕路遠，不要活在別人的嘴裡，因為別人做不到不表示你做不到，而是得看你有多想要。

榮登二〇二二年「全球十大暢銷藝人榜」的周杰倫，剛開始接觸演藝圈時，只是一

人生是一齣戲，沒有誰的生活會一直完美，
正因為歷經困難、背叛仍眼看前方，
滿懷希望才能所向披靡，獲得人生金馬獎。

個在公司打地鋪寫歌、同時還要幫同事訂便當的小透明，如今他不但成功紅遍海內外，身價也不同凡響。他說過「過去所做的一切都是為了今天的成功！」、「找尋自己跟別人的不一樣，並將它放大，這樣才能比別人不平凡，不一樣！」也許在別人的眼中，我們總是配角，但在我們心中一定要告訴自己：「我才是主角！」請勇敢做自己，不要老是活在別人的世界中！記得永遠都要告訴自己，在任何位置上，全力以赴，一定會有收穫。

親愛的朋友，每天給自己一點鼓勵吧，對自己說：「我喜歡我自己，我真的喜歡我自己，我真的超喜歡我自己！」當我們說到真的喜歡自己時，那份感覺請永遠記得，因為你真的開始願意相信自己囉！

沒有夢想的悲哀

許多人之所以會不斷對別人的夢想不以為然，是因為他們從來都沒有自己的夢想。一個沒有夢想的人生是很悲哀的，更可悲的是完全不希望別人擁有夢想！**擁有夢想的本身並不奢侈，怕的只是很多人搞不清夢想和欲望的差別，夢想會不斷帶給我們前進的力量，欲望卻有可能會讓我們失去自由，而活得越來越累。**

有人說，我想過平淡幸福的生活；有人說，我想過挑戰刺激的生活；有人說，我想過奢華享受的生活，不管你想過什麼樣的生活，不行動就一輩子只能活在別人的世界裡，過著由別人設定好的生活。簡單說，如果你覺得活得不快樂，那就表示自己一直在過著根本不喜歡的生活，所以永遠無法得到想要的。因為不論你想要什麼，端看你在做什麼，那就會得到什麼；現在，大家都為了名牌包包、汽車、房子而奔波、追逐、競爭，這就是我們這時代的特徵之一，但是當你真的追求到這些物質生活之後，內心就能得到自由嗎？也許只是會活在永無止境的物欲夢饜中。

周星馳在《少林足球》中有句台詞：「**如果人生沒有夢想，那跟鹹魚有什麼分別？**」當下聽時只是覺得很有趣，但是事後想想的確還蠻發人深省。還記得小時候作文中寫下志願時的雄心壯志嗎？社會的氛圍與物質的欲望像空氣慢慢氧化了鐵一般，是否當初自己滿懷的熱誠也一點點的被侵蝕？就如同抹上鹽巴的魚，最終失去了原味，只剩下別人賦予的味道。其實，不管時代的潮流和社會的風尚怎樣，人總可以憑著自己高尚的品格，超脫時代和社會的價值觀，走自己正確的道路。所以，要學會活得精采、活得快樂，那才叫「生活」！

人生其實很簡單，要把它盡量過成自己想要的樣子，雖然很不容易做到，但是我們可以從現在開始練習。我認為一個人之所以能有所成就，是來自於他願意隨時接受挑戰，並不斷超越！如果你無法丟棄過去包袱，對無奈的過往一笑置之，那不就注定得停留在原地？既然你不想繼續過原來的生活，那就該為自己做些什麼，一個不能繼續成長的人，你的人生怎麼會有機會變得有所不同呢？

因為有了飛翔的夢想，萊特兄弟（Wilbur and Orville Wright，Wright brothers）發明了飛機；因為有了光明的夢想，愛迪生發明了電燈；因為有了探索宇宙的夢想，加加林（Yuri Alekseyevich Gagarin）成為第一個從太空看到地球的人。懷抱夢想很重要，它會決定我們成為怎樣的人！所以，如果你已經找到了夢想，千萬不要輕易放棄，如果你還在尋夢的路上，也請保持下去，不要停止尋找，因為總有一天會看見希望的。

生命的價值不只在於活下去，而在於活出真、善、美，甚至是為了愛，不管是哪種形式的愛，只要記住人生太短暫，如果能有夢想支持我們走向終點，那這一生也算是沒有白活了。如果少了夢想，我們將容易失去生存的動力。親愛的朋友，請拿出一張紙和一支筆，開始寫下三年後自己希望成為什麼樣的人，過什麼樣的生活，寫完後要把這張夢想清單，貼在每天都看得到的地方，不斷提醒自己，盡全力去完成，當然，最重要的是付出行動開始規劃自己想要的人生吧！

「明天」是行動的最大敵人

賈伯斯（Steve Jobs）曾經說：「如果你把每天都當成最後一天來過，總有一天你會證明自己是對的！」這句話讓我突然有了一些想法，簡單跟大家分享：

把明天當做是你人生的最後一天，你會更積極一點。
把明天當做是你客戶的最後一天，你會服務棒一點。
把明天當做是你朋友的最後一天，你會對他好一點。
把明天當做是你敵人的最後一天，你會不計較一點。
把明天當做是你愛人的最後一天，你會愛他多一點。
把明天當做是你家人的最後一天，你會關心他一點。
把明天當作是全世界的最後一天，你會……

仔細想想，是否有些道理呢？

賈伯斯每天早上會對著鏡子說：「如果今天是我生命中的最後一天，我還會想做今天要做的事嗎？」每當遇到生命中的重大抉擇時，只要設想自己將不久於人世，便能幫助我們做出正確決定。

我常對我的學生說：「有時，我們太過仰望明天，是因為我們忽略了把握今天，時間每分每秒都在消逝，這世界裡的負面與正面一樣多，我們無法改變這個事實，卻可以運用正面思考的力量，減少阻擋我們行善的可能。」

換個角度來看：

當我活得更積極一點，我達到成功目標的機會就提高了一點。
當我服務得棒一點，客戶對我的滿意度也就提高了一點。
當我對朋友好一點，我的朋友也會開始對我好一點。
當我對敵人計較少一點，敵人或許也會轉念一點。
當我給愛人多一點愛，愛人自然也會愛我多一點。
當我關心家人多一點，想當然我的家人也會與我更加親近點。
只要能這麼想，我們就能夠掌握今天，做出正確的行動。

有些人總是說「等下次」、「等有機會」、「等我有空」……千等萬等掛在嘴邊，這種話其實是用來欺騙自己、用來安心的。如果你真的想要做什麼，就應該立刻去行動，不要給自己太多藉口。朋友們，與其等到那一天，不如現在就多付出一點，與人相處時更主動一些，相信你的人際關係一定會越來越好。

我們要記得，凡走過必留下痕跡。做錯不可怕，可怕的是不做，有時候，我們需要具備打破規則的冒險精神，不要太過於關注結果。正如一句話所說：「一個人如果不能活在未來，那麼等他到了未來，一定會活在過去！」所以時間寶貴，請時時提醒自己，絕對不能浪費時間，每天充電完恢復熱情後，繼續衝刺向前吧！

泰戈爾（Rabindranath Tagore）有一句詩：「若是你為錯過太陽而流淚，那麼你也將錯過星星。」那麼你也將錯過星星了。歷盡滄桑，你要學會忽略過去。因為——tomorrow is another day。學會放下明天的拖延，就是收穫今天最好的證明！很多事，現在不做，也許以後就再也不會做了。所以，如果生活中、工作上，有一直很想聯絡的朋友或客戶，付諸行動打個電話或是登門拜訪吧！原來很想度假好好玩的，先忘掉工作讓自己好好的放鬆一下吧！親愛的朋友，有什麼讓你掛心還沒完成的事，現在開始付出行動吧！

沒有目標就像無頭蒼蠅一樣

你希望十年後的自己是怎麼樣的人？從事什麼樣的工作？而二十年後的自己又如何呢？

有些人認為生活得無憂無慮，非常愜意、愉快，當然這樣也是一種生活方式，但是這絕非指人生中漫無目標、虛度日子。而我的信念就是認為：人生要不斷追求挑戰，才能激起鬥志，這也將決定我們成功的速度與強度，因為「成功來自堅持，力量來自渴望」。

亞馬遜（Amazon）被《財星（Fortune）》雜誌評選為二〇一二年全球最受尊敬的企業第三名，它不僅改變了美國的出版、零售的產業規則，也影響了全球的網路商城。而曾在華爾街擔任工程師的亞馬遜創辦人貝佐斯（Jeff Bezos），究竟是如何成為最大零售商的CEO呢？最主要的關鍵在於：他的目標向來不是以「最大」、「最賺錢」為導向，他鞭策亞馬遜，永遠走在消費者前面，所以才能在不景氣的環境中，仍有不錯的表現。他的名言就是：「一切全都是為了長長久久的將來。」

二十五歲

未來要做什麼呢?
什麼也沒興趣啊~
沒什麼頭緒

↓ 懊悔、自責

四十五歲

現在也不知
自己喜歡什麼
要什麼

哈佛大學曾做過一項關於目標對人生影響的長期追蹤研究，結果有以下四種發現：

1.有著長遠目標的年輕人，雖然目標的實現未必盡善盡美，但是他們都會為自己的人生去奮鬥，大多成為創業者、行業領袖、社會精英等。

2.有著清晰的短期目標者，大多數短期目標都能達成，生活狀態平穩的上升。

3.目標模糊的人，多數人有安穩的生活與工作，當然也有成功者，只是比例極少。

4.完全沒有目標的人，幾乎都生活在社會的最底層，他們生活不如意，經常失業，習慣等待社會救濟，並且習慣抱怨他人、抱怨社會。

由這項研究可以得知，有著長遠目標的人，不論外在環境如何改變，社會如何變遷，他們都能想方設法的走向目標，這也是為什麼每位成功者身上，都會看到一個相同的特質，就是「發瘋」似的堅持在自己的目標上。他們都知道時間寶貴，要把握時間充實自己，當目標設定好了，動力會源源不絕的湧現，此時就要努力往前衝。因此，如果人生沒有目標，就會徬徨無助，像隻無頭蒼蠅一樣。不過目標要先明確，這樣才有機會能達到自己想要的，所以要努力找、用心找、每天找，只要不斷付出行動，一定會找到。

當然，有了目標之後，最重要的是接下來就得付諸行動吧！

「人生就像憤怒鳥，當你失敗時，總有幾隻豬在笑！」無意中看到這句話，還真是令人莞爾一笑，不過真的蠻貼切的！雖然人生的路上，有些人在等看我們的笑話，但我知道的是，也有一些人對我們是有期待的，所以，好好努力為自己爭一口氣吧！我相信，只要我們設定好目標，不斷往目標前進，那麼總有一天，一定能讓那些曾經笑我們的人再也笑不出來！

職場競爭力靠信念與態度成就

你喜歡自己的工作嗎？你喜歡你工作上的主管與同事嗎？你工作的時候會笑得出來嗎？如果以上問題問完自己後，發現答案都是負面的，那就表示你在工作中可能已經無法獲得更高的成就感，如果答案都是正面的，那麼恭喜你，因為你真的很享受工作的樂趣。

有人說，如果我不喜歡現在的工作那該怎麼辦？要離開嗎？這個問題很多人都問過自己吧，也許本來想鼓起勇氣行動，但後來因為很多個人無法抗拒的種種因素而作罷。其實，不需要苦惱，如果我們無法改變現實的一些狀況，但我們仍然可以改變自己的想法與態度。朋友們，重新愛上你的工作吧！因為至少它讓你的生活不至於窮途潦倒，至少它讓你每天不會擔心下一餐在哪，至少它讓你不至於喪失自信流落街頭，至少它讓你每天不會家庭失和。珍惜現在的工作並不代表自己不長進，不長進的是我們安於現狀而不再學習，漸漸失去了職場競爭力，等到有一天被人取代的時候，才知道要開始振作，那才是我們最大的問題。

曾經我到台中授課時，預先叫了計程車，一上車之後碰上了一位熱情有活力的司機大哥，一路上聽司機大哥和我分享他個人生活及職場上的想法，覺得蠻有趣的。他說如果現在到台中你要找像樣一點的餐廳，不事先訂位，就算你身上有錢，都不一定馬上有位子用餐，原因是大家還是很喜歡去外面用餐消費，我很好奇的問他：「不是現在什麼都漲，大家的消費力還有這麼強嗎？」他說：「唉呀，就像我們做司機雖然很辛苦，但是只要願意跑，就一定有錢賺，那個沒錢的就是沒有競爭力又不肯去跑，就像我靠行的一些同事，明明是自己不努力，還每天在那裡拚命叫窮！」我說：「司機大哥的見解很獨到喔！現在大家都在一片愁雲慘淡的氛圍中，你卻如此淡定呀？」司機：「沒有啦！先生，我跟你說，我認為員工不長進，卻要老闆為他的生計著想，這就是現今社會的亂象啦！」

聽完司機大哥的一番話之後，心中真的對這位司機大哥佩服不已。的確，一個人的職場競爭力，就是靠信念與態度成就的。華裔女企業家胡琳憑著個人創業的成功，在舊金山一年一度的食品飲食行業大獎中得到個人企業家獎，成為少數的女華裔得獎者之一。從她分享她的成功祕訣之中不難發現，最重要的就是「信念」。她說每天早上，她總會看著鏡子裡的自己，重複著對自己說：「要有信心，總有一天會有人給你機會，公司總有一天會接到訂單。要知道放棄、停止努力是很容易的，千萬不能放棄，一定要鍥而不捨的追求。」儘管有時候你的朋友、你的親屬會好心告訴你成功是不可能的事，但你一定要相信自己，成功一定會來臨。

看了以上的故事，你也有心得了嗎？經過許多成功者的驗證，讓我們了解到，成功的關鍵和本身條件好壞真的沒什麼關係，重要的還是意志和心態，先擁有好的心態才能成為職場上的東方不敗！

信念會決定想法，想法會引發行為，行為會養成習慣，習慣會塑造性格，性格就左右了我們的一生。所以，信念不是讓我們大好就是大壞，更是決定我們成就的關鍵，請從現在開始，找出自我的信念，如果你發現你的信念有偏差，請不要再拖延了，趕快付出行動修正吧！親愛的朋友，每天早上訓練自己，讓自己的信念維持正向即可，比方說：「如果今天沒有碰到我想要的，我必然會得到更好的！」我始終相信，一個信念正確的人，總是能克服一切！

樂在工作的態度

常常有人很好奇，為何我能如此熱愛我的工作？每個人的一天，時間都一樣長，我們都只是在過生活，但是如何度過這二十四小時，就看自己的心態。**成功企業家麥克伊寧（J.Lyman Macinnis）曾說過，有兩種人無法成就大事業：「一是不做分內的事，另一種是只做分內的事。」**的確，不做分內事的人一定不會成功，然而做好分內事只不過是工作者最基本的本分，只有願意多付出一點、以積極的態度看待自己工作的人，才能成就一番事業。

這讓我想到有次到某個景點參觀時，經過一家賣蜂蜜的店家，一位女店員非常親切、熱情的主動為我做介紹，從現場的蜜蜂種類到如何取蜜，都非常詳盡的說明。如果不是因為家中已經有一大罐的蜂蜜，我絕對會向她買，當然離去前我也不忘對她說：「不好意思，因為家裡還有，所以就不方便再買了，不過，很謝謝妳這麼精采的介紹，真的很棒！」女店員還是滿臉微笑的說：「沒關係，先生。我們這邊風景很漂亮，你一定要去好好參觀一下。」她說完這話，我有了很深的感觸，有時顧客不買產品，不是因為討厭你，也許只是他一時不需要你的產品，如果今天我們不斷努力的去做好每一次的服務，碰到剛好需要的人時，相信他一定會向你購買。只要在我們每一次做任何事的當下，用心去付出、投入，生活將更加精彩可期！

如果只是「把工作當成工作」，那麼完成分內的事自然就拍拍屁股走人，但是如果「把工作當成熱情的使命」，那麼就會像賣蜂蜜的女店員，即使介紹完產品，也還會想繼續服務客人。「良好的態度」是我常常提醒自己、要求自己的處世哲學，從別人身上看自己，真的可以學到不少！所以，現在大家都在提倡增強自己的職場競爭力，其實現今職場當中，已非學歷和經歷的競爭，而是學習力的競爭，若空有學歷或是自恃其有豐富經歷的人，就容易陷入我執的迷思。唯有懂得放下我執，透過不斷學習讓自己增強，才能迎接挑戰、創造未來！一個人的成就絕不是靠年紀和經歷，而是要看他用心投入的程度，以及是否願意不斷接受新的挑戰，高傲的人總是無法再進步！

我認為態度就是我們成長的基石，更是讓我們不斷卓越的一種精神，有時看到學員上課一整天，非常投入的學習態度，也讓我內心充滿無限的感動，同時很有成就感。因為我在學員身上看到，他們都用正確的心態去過更好、更棒、更充實、更快樂的生活，這就是真正有價值的「態度」，不是嗎？

會樂在工作不是因為做了什麼而快樂，而是我們先快樂，然後用正確的態度去工作，才會得到更多的回饋，也才能讓我們擁有更多的自信與成就感。親愛的朋友，每天起床後先做一件事，請刻意的面帶微笑並開心的笑出聲吧！當你這麼做時，當下的情緒也都會跟著開始改變，自然面對他人的態度也會變得更加良好。別忘了，當你笑，全世界都跟你笑，而當你哭，只有你一個人哭！要記得每天都要做這個練習，請馬上開始行動吧！

自我暗示提升勇氣

經過多年培訓的觀察，我發現一個成功人士，似乎常常都是在挫折逆境中堅苦卓絕，與這些人交談的過程中，我深深了解到一件事，那就是「相信自己」是成功的第一要素。

最近有位學員跑來跟我說，他工作快三個月了，卻還是會緊張，很怕自己做不好，常常處在一個十分戰戰兢兢的狀態，如果需要支援同事時更是顯得手忙腳亂，頭腦一片空白，根本幫不上忙。他實在不知道該怎麼做才能讓自己不要那麼緊張，不要給自己那麼大的壓力，因此想尋求我的幫助。

學員說：「我的工作效率一直無法提升……」

我說：「妳能改變自己的個性嗎？」

學員說：「不能，可是我不想放棄這份工作。」

我說：「不能就得換個工作！若不願意，就勢必得先改變個性，不過改變個性需要先有個突破！」

我怕趕不上前輩的速度，又怕做錯，反而弄巧成拙。

這樣做

➡ 先試著想你自己想做到的！
每天不只想，還要說出來，
最少30遍
自我暗示提升勇氣

學員開始對我的話產生興趣，連忙問道：「突破！怎麼突破？」

我說：「我想先知道你緊張的原因。」

學員說：「我怕我趕不上前輩的速度，又怕做錯，反而弄巧成拙。」

我說：「所以是你自己先害怕了，先讓自己不要怕，速度趕不上是因為妳一直在怕，妳必須先學會不害怕，要告訴自己，沒什麼好怕的！」

學員說：「可是只要客人一直來，現場又只有我在……」

我說：「這麼忙，那妳怎麼還有時間去『害怕』？」

學員說：「不知道，我腦中一直會出現：『怎麼辦、怎麼辦、客人好多……』」

我說：「來，先試著想妳希望自己能順利做到的！」

學員說：「我想要一切服務都很順暢，我可以很正確的幫忙前輩做好其餘的工作，讓客人都很滿意。」

我說：「對！就是這樣，每天不只是想，而且還要說出來，妳覺得要說幾遍？」

學員說：「二十遍！」

我說：「不夠，最少要三十遍！而且不能隨便說說，要很認真的說！」

學員說：「我……真的可以嗎？真的有可能嗎？」

我說：「相信就會看見，明天就馬上開始吧！一個禮拜之後跟我報告一下狀況，如果沒有做到，就不用再問我了，不要欺騙自己！沒有能不能，只有要不要！」

學員說：「好！我一定會照做的。」

一個禮拜過後，學員來向我報告進度。

學員說：「老師，這個禮拜中，我的工作雖然還是會有點小差錯，但是我已經感到越來越得心應手了，我對自己有自信，相信我可以應付忙碌的時刻，我也真的做得到了，雖然還不是很完美，但是我相信只要繼續努力，速度一定會越來越快！」

我說：「太棒了！就是要這樣！妳要不斷相信自己辦得到！」

學員說：「我會的！我相信我可以，我也一定真的可以的！」

我：「沒錯！妳要先相信妳自己，妳就能做到讓別人也同樣相信妳！」

學員說：「謝謝老師讓我看到相信自己的力量，相信自己是可以做得到的！」

有句我很喜歡的格言：「**勇氣不是不害怕，而是明明害怕卻依然向前，那才叫勇氣！**」因此，我每天都利用自我暗示提升勇氣，我對自己說：「我的身體是健康的！我的心志是強壯的！我的靈魂是自在的！」所以，我的世界常常都是「不可思議」的正向。相信我，你們也一定可以的！

相信自己不是一句口號，而是要付出行動實踐的，比方說我常在課堂上，與所有的學員分享，在每天早上起床盥洗的時候，我會對著鏡子中的自己說：「我是最好的，我是最棒的！」每天至少說了將近三十次，當我說完後，就會覺得自己又被激勵了一次，這就是自我暗示提升勇氣最簡單的實踐方法。親愛的，每天早上開始付出行動，透過自我暗示，讓自己每天都充滿勇氣吧！

別再用沒時間當藉口

你是否常常覺得生活一成不變？對於原有生活中的人、事、物所產生的問題感到無奈與不滿，卻只能無止盡的在反覆的行為中打轉？其實我們不能老是期望透過他人來讓自己成長，關鍵在於我們自己。許多人明明知道自己要成長，就得靠實際付出行動才行，但是常常又半途而廢，要不就是沒時間，要不就是有事情，總是有一大堆的藉口來安慰自己，這樣下去只會使自己永遠停在原點而無法前進。

之前看到一個故事，一直銘記於心，今天又仔細讀了一篇，再細想下自己的生活和工作，依然值得思索。

很久以前，有一個年輕的工匠，他很想成為一位偉大的藝術大師。他常常抱怨自己沒有足夠的時間來練習和創作。他總是告訴自己，如果他有更多的時間，他一定能夠做得更好。一天，他遇到了一位藝術大師，他對著大師抱怨他沒有足夠的時間來練習和創作。大師微笑著對他說：「時間是每個人都擁有的同等資源，你需要學會如何善用時間，而不是抱怨沒有時間。」

大師告訴工匠，他自己也只有每天二十四小時，但他能夠成為一位偉大的藝術家，是因為他**把自己的時間用在了最重要的事情上**。他說，**只有當你真正相信一件事情非常重要時，你才會不計代價地去追求它，而不會把時間浪費在那些不重要的事情上**。

工匠聽了大師的話，開始反思自己的生活，發現自己總是把時間浪費在一些無關緊要的事情上。他決定從現在開始，把自己的時間用在更重要的事情上，逐漸地，他變得越來越有成就，最終成為了一位傑出的藝術家。

許多人生活得不開心也是因為：雖然知道要珍惜當下，卻老是無法做到。有時我們在想法上很難與行動結合的原因，就是我們對自己的掌控能力不足，真正會影響自我掌控能力的就是「怠惰」，這是讓我們慢慢沉淪的最終原因。唯一解決怠惰的方法，就是找出能讓我們付出行動的意願，有了意願就會有熱忱，有了熱忱就能付出歷久不衰的行動。

每次我去一位朋友家，他家中總是窗明几淨，於是我問道：「你家雖然是老式舊公寓，但是怎麼我每次到你家，都覺得好像有請專人二十四小時打掃？真是乾淨啊！」

我這位朋友的回答很妙：「哈，有啊！這位清潔阿桑就是我。」

隨意置放，也不定時整理

好忙！好忙！

沒有時間啊！

最後

失控了！

其實這位朋友家有大片的落地窗，每天都會有落塵，並不容易保持乾淨，只是她每天都會定時擦拭地板、窗戶，並且一段時間就會將不需要的雜物清空。說真的，想要保持居住環境明亮整齊最好的方法，就是定時做好清潔工作，千萬別等到有客人來訪前才臨時整理。而她會這麼認真打掃的動力，來自於她的兩個小孩，因為她希望孩子能每天生活在乾淨舒適的環境中，如此不但人不容易生病，也可以讓心情變得愉悅。

同樣的，人也是一樣，有時生活難免會缺乏動力，當缺乏動力時，一定要將生命的動力找回來，去看一場表演或是欣賞音樂會，或是好好讀完一本好書，認識一些新朋友並跟他們聊天分享心事，千萬不要給自己拖延的藉口，想辦法幫自己裝上新的電池，這樣才能讓身心隨時處於更新狀態。

親愛的朋友，你願意改變自己嗎？**改變**，**一時痛苦**，**不改變**，**一直痛苦**！不要害怕改變，重要的是面對最後的結果，你是不是曾經努力的嘗試過。千萬不要等到快失去了，才知道要珍惜當下，如果老是事後才知道要珍惜當下，那麼一輩子都會活在悔恨之中。要知道「不丟掉過去，就無法走到現在；不珍惜現在，就無法掌握未來！」所以，把握當下是每個人都該提醒自己的生活態度。

看完了這篇，就趕快起身吧！別再用沒時間當藉口了，即使只是想吃一個想了很久的甜點，也快快動身呼朋引伴去享用吧！

很多人喜歡花時間閒聊，也不願意充實自己，我以前也同一般人一樣，常常說：「沒時間！我很忙！」後來慢慢發現，其實我還是有很多時間可以看電視、上網、聊天。所以，會沒時間是因為我們浪費了太多時間，只要善加運用規劃，我相信時間一定會夠用的。請記住，時間就是生命，請不要輕易的浪費。

Chapter 3

一個行動，勝過嘴巴說千次行動

凡事不要等到準備好了再行動，

要邊行動邊修正，從做中去找答案。

有時想太多、說太多都是空談不切實際，

我們往往學了太多方法和技巧，結果都是枉然。

千萬別等準備好才開始

相信各位從小到大一定常聽到這句話：「機會是留給準備好的人。」這意思是說，如果在沒有充足準備的情況之下，無法勝任從天而降的機會，也容易導致失敗。然而機會就如同天上的繁星點點，何時何地哪一顆會忽然化作流星墜落，我們實在無從得知，因此這句話用在當下似乎已經不合時宜了。

仔細想想，我們的日常生活中是否也常常出現諸如此類的狀況：不帶傘時就愛下雨；帶了傘時偏不下雨；或者是在門外電話鈴猛響，進了門就不響了；這就是「莫菲定律」（Murphy's Law）。你會發現，這世上沒有什麼事是萬無一失的，萬事俱備也不代表一切就會順利，連國父革命都越挫越勇了十一次，**凡事所耗費的時間都有可能比原先料想的長，所以與其老想著充分地計畫一切，不如準備好一顆「隨時迎接機會與各種挑戰」的心吧！**

記得曾有位請我一對一輔導的學員，在談完上課事宜後她很興奮的問：「老師，我要帶什麼來呢？」

Just Do it ➡ 準備好一顆
「隨時迎接機會與各種挑戰」
的心

OPEN MIND!

我不加思索的說：「人來就行了！」

學員不死心的問：「要事先準備什麼嗎？」

我還是簡單的說：「準備好妳的心！」

學員聽完問道：「什麼時候可以看到效果？」

我告訴她說：「這要由你自己決定！」

學員最後問到：「那我該什麼時候開始？」

我微微一笑說：「現在妳已經開始囉！」

其實，當她找我來談時就已經開始想改變自己了，所以我認為準備好前就該開始，千萬不要等開始前再準備，這樣學習才會有效。

大導演李安也曾經在他的電影《飲食男女》中，寫了這樣的一段台詞：「**人生不能像做菜，把所有的料都準備好了才下鍋**。」我非常喜歡這段話，因為它很貼近人性。我發現許多人做任何事都想等到萬事俱備才肯付出行動，原因是害怕在沒有準備的情況下無法應付當下所發生的一些突發狀況。所以我們都很清楚，每當新的狀況出現時，我們就很容易感到壓力，進而產生恐懼。

過去，我遇到人生中許多突如其來的狀況也是這樣，但是後來我想通了，改用另一種思維來面對問題；我慢慢學習把這些所謂的「狀況」看成是學習、成長的好機會，藉此磨練自己的意志力、耐心與恆心。如果你也懂得將這些可貴歷練轉化為寶貴的經驗，假以時日就能發現，這些智慧結晶能幫助我們成就更棒的自己。

有句耳熟能詳的廣告台詞「Just Do it」，就是在強調先行動再說，當你勇敢的開始一件新事務，也就意味你即將創造一個充滿可能性的未來，雖然事情最後發展的結果未必如你所期盼，但是讓生命活出熱情就必須儘可能保持它的「藝術性」，而行動就是體驗自我的最佳途徑。藉由行動引發出自我後，我們就能擁有選擇自己情緒經驗的主控權，了解任何事情的結果都可能同時擁有正負兩面，如此一來，可以避免因擔心犯錯而產生的莫名恐懼。

其次，大多數人以為錯誤就是一種失敗，因而認為要避免失敗的最好方法就是先做萬全的準備，但事實上很可能在下一次機會來臨時，你會發現自己仍未準備好。因此切記！**凡事不要等到準備好了再行動**，**要邊行動邊修正**，**從做中去找答案**。有時想太多、說太多都是不切實際的空談，學了太多方法和技巧，只要沒能成功，結果都是枉然，我在上課時也常告訴學員「想是問題，做是答案。」因此，付出行動才有答案，各位明白了嗎？

證嚴法師曾經說過，時間對一個有智慧的人而言，就如鑽石般的珍貴；但是對愚人來說，卻像是一把泥土，一點價值也沒有。因此我們每個人都應該學習當一個有智慧的人，珍惜時間、掌握生命，試著把每一天當成生命的最後一天，這雖然是老生常談，但只要開始慢慢練習，將行動力培養成習慣之後，就會發現每個人都可以為自己創造不同的機會。

未來不屬於先出發的人

人生絕非短跑競賽，而是一場馬拉松，需要具備堅強的體力與毅力，有些人起跑時衝得很快，最後力氣用盡，反而落後了；有些人中途休息，就被其他人追了上來；還有些人，配合著自己的呼吸與步調，一步步終能邁向終點。

人生比的不是短暫的勝負，而是最終的結果，因此未來並不屬於先出發的人，而是誰有實力才能行得久遠！這個世界，不是每個人都能大鳴大放，但人人都得找到讓自己有成就感的方法，這樣生活才會開心、充實。只要凡事盡全力去做，不愧對自己的心意，我想這就是對自己的人生負責了；在我們人生的路上，一個勇敢的人，走哪條路都行，但真正有智慧的人，卻能找出對的路走。

也許有人會問：假如，路走錯了，該怎麼辦？那麼，別走回頭路，開創一條新的道路吧！

也許有人會問：假如，夢破碎了，該怎麼辦？沒關係，再重新做另外一個夢吧！

也許有人會問：假如，心疲累了，該怎麼辦？簡單，出去走走充充電，讓心活絡一下吧！

人生路上，不是所有的事都能盡如我意，不免會碰到一些讓你心煩意亂的事，這是正常的現象，每一個人都會經歷這些事，然而這些事能否解決，與財富多寡、地位高低無關，往往能夠解決這些問題的人，靠的是智慧，因為有智慧才能明心，讓自己的想法更加的清楚。

蟬聯十二年世界汽車銷售冠軍的金氏世界紀錄保持人喬・吉拉德（Joe Girard），在三十五歲以前卻是個徹底的失敗者，他不但連高中都沒畢業，還曾經做過小偷，但是在警察局拘留室待了一晚後，才驚覺自己連小偷這行都幹不了。他前後換過三十幾種工作，而且因為誤信他人，讓喬・吉拉德負債累累。就在他走投無路之際，一位汽車經銷商朋友給了他一個機會，而工作第一天，他就賣出了人生的第一輛汽車，但是，沒有人脈、沒有經驗的究竟該如何繼續保持業績呢？他坦白說道：「因為沒有地方可去了，只好向上！」他努力的自行摸索，想方設法也要把汽車銷售出去，沒想到這成為他人生的一大轉捩點。

大器晚成的喬・吉拉德自己曾說過：「如果我的故事能給人們一些啟發，那就是大家都能夠做得和我一樣好，重要的是人生的起步永不嫌晚！」的確，三十五歲也許有人已經成為高階主管，但是誰又想得到一個一事無成的人，居然也能夠躋身「汽車名人堂（Automotive

Hall of Fame）」？這可是汽車界的最高榮譽。人生真的是一場馬拉松，因此如何堅持到底，奮戰到最後一刻，才是這場比賽的關鍵。

我們身在如此競爭激烈的世界，想要跑贏這場馬拉松，唯有不斷學習，才能讓自己不被其他人追趕上來。而任何的學習都要從生活中體驗實踐，並非從課堂上學會，課堂上所學，頂多只能讓我們學懂，要學會這一切，就要在生活中付出行動。

有句話我很喜歡：「一個人如果不能活在未來，等到了未來就會發現自己一直活在過去！」這真是一針見血，想要比他人更加優秀，請記得要不斷付出行動讓自己成長，而成長最快的方法就是不斷「學習」，許多人最大的問題，不是不愛學習，而是從來都沒付出行動去運用所學，這是最大的問題！想要出人頭地，就要每天不間斷的學習，更重要的是一定要付出行動，盡全力去將所學發揚光大！

成功沒有如果，只有結果

我常常發現，正向的人，在面對艱困的環境時，想到的是如何克服，反觀負向的人，大多想到的是該如何迴避。我在上課的時候，激勵學員常常會說一句話：「**成功的美味，來自於不斷努力嚐試的苦味，唯有練苦工，才能預約成功！**」我們或許不能控制生活中所發生的一切，但我們絕對可以為自己的未來，努力做出適當的反應。

不論什麼事，只要有欲望就會有熱忱，有毅力就不怕險阻。我也常常對我的學員說，很多事情努力了沒有結果，並不需要太糾結於「如果怎樣怎樣」這個點，最合理的解釋就是時候未到，因為只有當看到了結果，我們才能領會成功的果實何在。

曾經，我以配音員身分接受某電視台專訪時，被問到想給欲從事配音工作的人什麼建議，當時我回答：第一點就是不斷的訓練，第二點還是不斷的訓練，當然第三點還是得不斷的訓練。這段話其實真正的含意在於：「成功就是經由不斷的訓練，最後演變而成的結果。」所以倘若你還沒得到結果，就表示努力還不夠，一定要持續不斷的訓練。

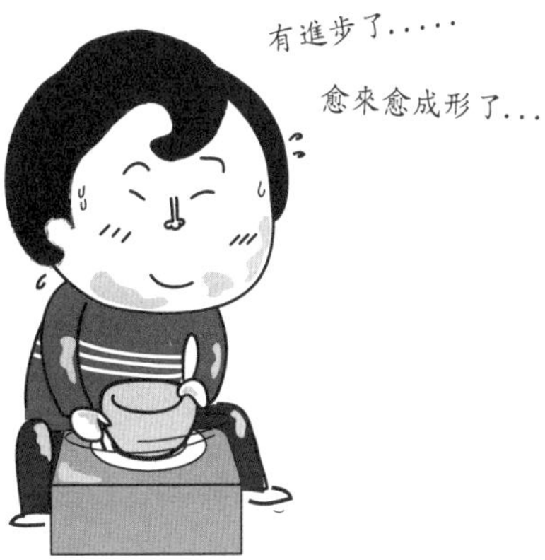
有進步了.....
愈來愈成形了...

結果 ➡ 做出美麗的作品

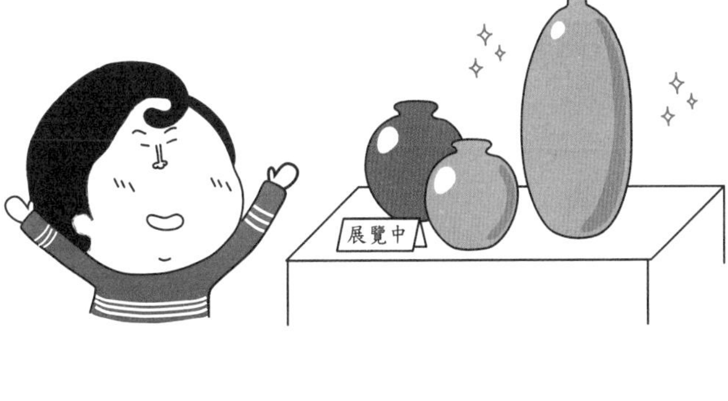
我終於做出美麗的作品了！
展覽中

比爾・蓋茨（Bill Gates）曾經寫道：「我不知道成功的關鍵是什麼，但我知道人們失敗的原因，通常在於喜歡把『如果』當做自己做不到的藉口。」一個人的成功不是偶然，是必然！在追逐成功的過程中，我們往往可以得到兩種果實，一顆叫成功，一顆叫失敗，不管你得到哪一顆，最後得到的果實都是我們自己耕耘出來的，也許辛苦了半天，只得到失敗的果實，但你卻能在過程中享受到耕耘的樂趣，所以不要害怕失敗，因為唯有通過失敗才能真正邁向成功。

有天，我碰巧看到電視裡的一段劇情，讓我頗有感觸，大致內容如下：「如果你有去做過手拉坯，就會知道，當你技巧還不純熟的時候，往往完成的作品，無法像你所想的一樣，但是就算你的技巧純熟，做的東西再完美，結果也正如你所想，但你的手一樣還是會髒！」人生的路上，我始終認為要為自己而活，凡事全力以赴，勇敢去追求，結果也許很美麗，也許很殘酷，但最重要的是，如果你因為怕髒，而遲遲不敢付出行動，那就永遠都看不到結果。

其實，成功離我們很近，可是就算只差一步，只要你還沒將那一步跨出去，就永遠不會成功。所以，我們不要只是羨慕發生在他人身上的奇蹟，請拿出勇氣，付出行動，創造屬於自己的奇蹟！

為什麼我們沒有成功？因為我們沒有想成功！

為什麼我們到現在還沒有成功？因為我們到現在都還沒有真的想成功！往往任何的成功都是行動之後才會有結果；親愛的，如果你真的很想成功，請開始訂定明確的目標，加上詳細的計畫，接下來就必須付諸行動，並且從中邊做邊修正，當然，最重要的是絕對要「堅持到底」！

「努力」和「認真」的差別

我常常聽到別人說：「我真的很努力了，為什麼最後還是會失敗？」其實，努力沒有分真的假的，想成功，需要有種不放棄的行動力，一種積極的心態，努力好比是人生競技場的入場券，我們必須努力才有參賽的資格，但想要贏得比賽，還必須堅持認真，而認真便是一種追求完美的態度。

「努力」和「認真」是有差別的，如果沒有體會到兩者必須相輔相成，缺一不可，那麼努力也可能只流於表演性質，認真也可能變成一種自圓其說。就像有人常常會說：「為什麼我這麼努力，卻還是被老闆嫌棄，常常被叮得滿頭包？」答案是你沒有夠「認真」！因為努力只是把工作做完，認真的人總會把事情做到讓人滿意。相對的，有人總說：「我在工作上很認真，可是為什麼別人總是看不見？」答案是你不夠「努力」！有時你會覺得自己很認真，那是因為自己的標準放太低，在想法上自然會覺得自己很認真呀！然而你若有去看那些不斷努力付出行動的人，就會知道，光認真是不夠的，你必須更努力才行。

還記得小學時我們讀過胡適先生的〈差不多先生〉課文，裡面寫著差不多先生的名言是：「凡事只要差不多就好了。何必太精明呢？」所以他常常做錯事、弄不清楚為什麼？什麼事都知其然又不知其所以然，最後生病了用醫牛的方法醫到自己一命嗚呼，臨終前，還是覺得凡事都差不多了。胡適先生用諷刺的手法點醒中國人差不多的通病，恰好可以反應出「努力」和「認真」兩者差別的重要性。

近年來台灣喝咖啡的文化比起以往更加興盛，還有一群熱血的愛好者把自己的生命狂熱投入其中，形塑了現在台灣的咖啡風格。然而講到咖啡，我們不能不提到美國咖啡教母娥娜・努森（Erna Knutsen），這位國際咖啡界的傳奇人物創造了「咖啡精品」一詞，率先把咖啡的地位從一般飲品拉到精品的高度，就像對待紅酒一樣，講求不同地的咖啡豆要有各自獨特的風味。她最在意的就是檢測咖啡豆一事，當時高齡九十歲的她曾說過自己「永不言退，對品質絕不妥協」，即使到她九十六歲逝世前，她依然親自檢測咖啡豆，別人可能幾十分鐘的流程，她需要一整天，因為她要充分摸清楚豆子的特性之後，才會下訂單。雖然這條路讓她走得很辛苦，但是對於每一顆豆子的用心，正是這位咖啡教母既努力又認真的最好詮釋！

親愛的朋友，別忘了時常在心裡激勵自己：「**我雖然還不是最好的，但我一定是最認真的！我雖然還不是最棒的，但我一定是最努力的！**」相信有了這種態度，一定可以不斷前進並且超越自己，保有最佳的競爭力！

如果現在看這本書的你，很認真的在閱讀每一篇文章，可是後來卻發現無發突破自身碰到的困境，這表示你必須要再更努力付出行動，如果你很努力也很認真，卻還是常常陷入困境，那只代表你被自己困住了。當問題在自己身上時，要自己要想辦法解決可能比較麻煩，因為問題出在自己身上，所以適時的尋求有經驗者的協助，也是一個不錯的方法。

積極行動是機會的入場券

許多人，都是當人生走到無法前進的那一步，才選擇改變，好比說公司快倒了，就趕快進行改革，尋求一線生機；業務業績不好要準備被炒魷魚時，才知道要開始跑客戶；學生快被當了，才知道要開始用功讀書；這是一般人的通病，一定要等到事情發生了，才開始懂得覺悟，但常常為時已晚。

前一陣子，我和家人到漁港吃海鮮，自己現挑了一些海鮮和菜色讓店家烹煮，沒多久，煮好的菜一一端上桌了；當我們正吃得津津有味時，沒想到服務人員端來了一盤我們沒點的麵，最讓我們驚訝的是，服務人員居然無所謂的說：「反正都煮好了，你們就一起吃了啊！不然怎麼辦？」是那位服務生自己的錯誤，卻讓顧客來買單，還一副不然你能拿我怎麼樣的態度，讓我當下也有些體悟。如果，老闆知道他的員工是以這種態度在對待顧客，卻不做任何處理，甚至連老闆也篤信「無所謂服務」的話，我相信危機就在不遠處了。

還有一次我在與家人用餐時，看到餐廳的櫃台前擺放了一個服務鈴，旁邊的紙板上寫著：「如果你覺得服務人員的服務很好，請幫我按一下鈴，下次我會更好！」不難看出，一個積極進取的企業，總是會想到一些富含創意的方法，來與消費者互動產生樂趣，並能適時的激勵員工。

你看出這兩間餐廳的差異了嗎？很多企業的危機並不是產品本身不夠好，也不是價格不夠便宜，而是公司整體的人員素質低落到毫無所謂，不懂得何謂服務的基本精神。假若一間企業沒有積極進取的心態，那麼早晚要接受被消費者淘汰的命運。

不過，我也常常看到許多企業單位很有心，為了提升自己公司的服務品質，大家不辭辛勞的積極參與課程，過程中，學員熱情互動、笑聲不斷，這當然不是因為我這個講師好笑，而是大家放下身段後，一同投入學習的氛圍，感動了他們自己。我也相信，像這樣保持一顆積極進取的心，是不被淘汰的最佳方法，這也是我從事教育訓練中所獲得最大的成就感。

「**行動讓人充滿希望，而非希望讓人行動；積極讓人獲得機會，而非機會讓人積極！**」這是我常常自我激勵的一句話。因此，我個人的作法就是養成好習慣，杜絕壞習慣，每年的年底我都會寫下明年度的目標及許願文，沒事就對鏡子練習自我表達的肢體及表情，有空就多看看書、演講影片、多聽有聲書不斷學習充實自己，隨時保持熱情、積極的心，這就是我的習性！簡單來說，這些每一樣都是一種慢慢養成的習慣，當然我必須告訴你一個事實，以

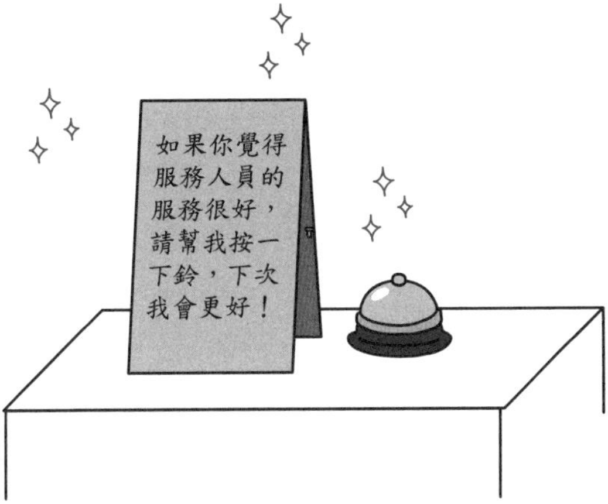

結果 ➡ 員工獲得激勵，表現得更好

前的我絕對不是這樣的，但我改變了，相信你一定也可以！

當然，我們不一定會因為做錯事而後悔，因為我們總是可以從失敗當中學習到一些經驗，但真正會令我們後悔莫及的，是那些我們曾經想做卻一直沒去做的事；所以，我常自問，此生若錯過什麼，會令我覺得遺憾呢？藉此警惕自己，讓自己每天都更加積極。

親愛的朋友，如果你不想讓自己成為那種，只會在未來悔恨當初的人，那麼從現在開始，「行動力」將會幫助你改變未來！

好運也可以練習

過年期間親朋好友難得相聚，許多人都會利用打牌來交流一下感情，而玩牌就像人生一樣，有時拿了一手好牌，結果大家的牌都很好，最後卻輸得很慘；有時拿了一手爛牌，結果大家的牌比你的還爛，最後竟莫名其妙的勝出了。究竟為什麼牌的好壞，並非最後輸贏的關鍵呢？

也許有人會覺得那是因為他們特別好運才會贏牌，但是我發現，常常贏牌的人，即使明明拿了一手爛牌，卻總是能在最後險勝。因此，我認為贏牌的關鍵就是：一開始投入這場人生牌局，你用對策略了沒。大部分懂得運用策略的人絕非天生就有此特長，他們一定也是經過多番練習的過程，所以大家眼中的好運，其實是透過練習而來的。

我曾經在上課時帶了一個活動，將學員分組完後，給了各組目標，學員經過短暫的練習後很有把握，也有幾組完成任務，在最後課程結束前，再次測驗時，卻沒有一組能完成原來達成的目標。做為教練的我，刻意很納悶的問：「親愛的同學們，可以告訴我為什麼沒有一組能完成任務的原因嗎？」結果，大家共同的答案是：「練習不足！」往往我們可以發現，沒有經過千錘百鍊的團隊，運氣只能帶來短暫的成功，而想要真正完成目標的關鍵就是，大家目標一致，不斷練習，朝目標前進。

高爾夫球小天后曾雅妮，年紀輕輕就已經贏得無數的比賽冠軍和獎金，也在《時代》雜誌的全球百大最有影響力人物名單中，瑞典籍的世界球后索倫斯坦（Annika Sorenstam）也稱讚曾雅妮的潛能無可限量。她自己在接受訪問時曾說：「每天練球，為自己的夢想、目標去努力，因為真有去確實努力過，所以不會感覺自己是運氣好，雖然冠軍多少會有運氣，但當你練球練多了，你的運氣就會越來越好。」的確，命要靠自己來運作，才叫「命運」，單單只是靠他人信口開河，就能決定我們的未來？實在不足採信，因為我相信任何事情都是「三分天注定，七分靠打拼」！

當然也有些人的運氣比較好，但是並不代表他的命運也會很好，如果他完全只想靠運氣，而不想靠自己的話，那麼最後終會成為所謂的「歹命人」。不過有些人，運氣一直不好，他卻相信自己可以改變自己的命運，不斷努力、奮鬥，後來卻能讓自己變成他人口中的「好命人」，這之間最大的差別無他，就是相信只有自己能主導自己的命運。

親愛的朋友，當你表現亮眼時，也許會有人說你只是運氣好。但是，不管他人對你說了什麼，你都別當真，要不然就只能活在他人口中的世界了！

幾年前我曾拜讀過一本書《當幸運來敲門》，裡面談到了「幸運」和「運氣」之間的不同，「運氣不會持續太久，因為它不屬於你。幸運由個人創造，因此能歷久不衰。」就像能跟家人一起參加活動抽到獎，是「運氣」，但可以和最愛的人永遠在一起，就是靠彼此攜手共同創造出來的「幸運」，你了解其中的不同了嗎？

自我奮鬥才能真正成功

我最欣賞的一位作家就是成功學之父拿破侖・希爾（Napoleon Hill），相信許多人對他並不陌生，他的作品在所有的勵志作者和演說家中，最常被拿來引用。他是現代第一位勵志作家，傳授人們如何成功的祕訣，而他最有名的著作《思考致富》也一直持續在改變著世界各地的人。

提到拿破崙・希爾，便不能不提一個人，他就是美國鋼鐵大王安德魯・卡內基（Andrew Carnegie）。在拿破崙・希爾二十五歲那年，以雜誌社記者的身分採訪卡內基時，卡內基問希爾一個問題：「是否願意花二十年的時間，把成功的方法整理出法則？」但期間卡內基只提供採訪的差旅費，拿破崙・希爾還是得自力謀生。如果他願意的話，卡內基會把他人脈中值得訪問的五百位名人介紹給他。希爾在聽到之後，稍加思考了一下，只花了二十九秒就答應了，卡內基聽到他的答覆後才表示：「如果你超過一分鐘還沒能做決定，這個機會就消失了，因為這代表你無法擔當這項工作。」

卡內基曾經感慨的說，人的一生是在「嘗試錯誤」中摸索，以得到智慧與知識，但是這些寶貴的智慧及成功方法，卻又總是隨著人們的死亡而歸於塵土。因此他希望整理出一套成功致富的方法，教導後人不必走冤枉路，就可獲致成功的祕訣。只是為何如此重大的任務，卡內基卻不肯花財產的九牛一毛，讓希爾可以專心完成這項工作呢？卡內基說出了值得大家省思的一段話：「如果我用金錢去幫助一個人，很可能會毀掉這個人。這個人必須自主奮鬥，才能獲得成功。」

原來卡內基是在考驗拿破崙・希爾，看他是否符合成功學的特質，才委以重任。不到一分鐘馬上點頭答應的希爾也不負重望，當初卡內基介紹的名人之中，有些人當時還不是大富豪，也還沒有成功，希爾花了二十年的時間追蹤他們的故事，其中真的有些人成功了，他就把這些觀察整理出成功的法則，並且出版成書。

也許有人認為卡內基是希爾的貴人，希望自己也能遇上這樣的貴人，但是我卻覺得與其將希望放在他人身上，不如實際點，將命運掌控在自己手中。我們常常喜歡等待他人幫助我們，以為人生就是會碰到一些貴人，所以就苦苦等待這些貴人的出現，其實只要仔細去想想，一定會發現，沒有什麼人會是你的貴人，因為不會有人應該為你的人生負責，自己的人生是自己的事，他人是幫不上什麼忙的，就算扶了你一把，接下來就還是得靠自己。

親愛的朋友們，你有挑戰困難的勇氣嗎？不斷勇於創新、改變，才有機會創造不平凡的未來，只會延用過去的輝煌，注定會被淘汰，未曾經歷過挫折洗禮的人，永遠不會知道挫折能給我們帶來什麼樣的幫助。

接受挑戰就趁現在，勇敢對挫折說：「來吧！來吧！我不會被你打敗的，我絕對要戰勝你！」人生的旅途中，我們不是因為失敗才會放棄，而是先放棄才招致失敗，我們的信念有多偉大，就可能成為多偉大的人。一個凡事消極過日子的人，很難在這一生有所做為，原因無他，因為他只想苟且偷安，等待事情發生再處理就好，可是往往事情若不如預期般簡單，消極者自然開始自暴自棄，憤世嫉俗的每天抱怨不斷，其實唯一要怪的人，就是自己！讓我們一起做個每天積極，凡事靠自己的勇者吧！

能持之以恆的人才能勝出

人生不如意的事十之八九，重要的是自己能夠堅持多久？如果人生當中，只是不斷擔心那些不如意的事，那麼很可能就會不小心錯過幸運的事。因此，與其老是窮擔心，還不如付出行動，努力讓那些不如意的事情不要發生，相信這樣做之後，心裡也會更加踏實。

也許有些人會問，該如何才能堅持到底呢？其實，意志力便足以戰勝一個人遇到的所有麻煩，事實上沒有任何人會被「現實」打敗，只會被自己的「意志」打敗。最佳範例就是一九二二年出生的水木茂（Mizuki Shigeru），他可說是日本鬼怪漫畫始祖，他畫的《鬼太郎》漫畫在日本家喻戶曉，水木茂就算年事已高，但是直至九十三歲逝世前仍創作不輟，還發誓要畫足一千隻妖怪。老當益壯的他其實在二次大戰期間，曾經遭受敵機空襲而失去一隻手臂，不過他樂觀努力的個性，即使戰後窮困潦倒了大半輩子，依然沒有放棄對漫畫的熱愛。終其一生都在描繪妖怪的世界，堅持到底的精神讓他成為日本妖怪協會會長。

水木茂曾說：「就算我失去一條手臂，我也比別人多做三倍工作，如果我有兩條手臂，我一定比別人多做六倍工作。」生性樂觀的水木茂在自傳中提到：「我從來沒怨嘆過失去了一條手臂，能保住性命活下來比失去一條手臂更有價值。」能力高人一等的人，確實很讓人羨慕，但往往擁有堅持不懈特質的人，才更讓人欽佩。為何有些人就是長達數年都做同一件事卻從不厭倦，這就是堅持的力量，這樣的人比許多天才級的人物更具有未來的發展性。

我也曾經為了要成為講師，自己充當業務，每天毛遂自薦打電話去各個單位推廣課程，但是往往得到的回答不是不需要，就是要我先把相關資料寄給他們參考，接下來就無消無息、石沉大海了。當時的我覺得，那一段日子每天似乎都過得很漫長，不過現在回想起來，雖然未能得到回應讓人很灰心，不過我卻從沒放棄，因為我對自己很有自信，常常利用自我暗示告訴自己：「只要堅持下去，有一天一定能夠證明我的課程是很有價值的！」所以，我每天都很認真、很努力，時時告訴自己，絕對不可以鬆懈，這就是「黃金教練」的骨氣與精神！

有一位業績卓越的行銷高手在公司的分享會上被問到他成功的原因，他笑著說：「有三大要素：一、堅持。二、不要臉。三、堅持不要臉。」雖然這是玩笑話，但也不難看出「堅持」對成功的重要性。如果我們把人生看成是一場自我挑戰的耐力賽，那麼唯有持之以恆、堅持到底的人才能真正勝出。

因此，各位朋友，相信自己，堅持走自己的路，如果你沒有電力，可以隨時翻閱這本書來充充電；如果你沒有能量，可以盡情收取書中的能量，書中的能量可是源源不絕呢！

堅持，要靠方法。我長期觀察許多人，往往失敗的原因，就是不夠堅持。在這裡教讀者一個做任何事都比較能夠堅持的簡單方法。當我要做一件事時，通常不會去想這件事能帶來什麼好處，因為動機誘因不會太大，我反而會自問，如果這件事不堅持做下去，會給我帶來什麼樣的後果？人們常在追求快樂和逃離痛苦中做選擇，自然都會選擇逃離痛苦比較多，這就是讓我堅持下去的「自問式」促成法，希望對你也有幫助！

機會要靠自己創造

人的一生之中，有多少的際遇會讓你忍不住大嘆：「為什麼我沒有機會？」

這問句看似合理，似乎可以成為粉飾自己失敗的最佳藉口，但是，我反倒認為，這句話經常是從失敗者的口中聽到的。讓我來告訴你失敗者最常做的事吧！整天無所事事、卻一副懷才不遇的模樣；總是覺得自己比別人技高一等，卻只肖想要一步登天，不肯花時間練基本功。懷抱這樣子的人生態度，就算哪天機會真的降臨，也是會跟你擦肩而過的。最終，失敗者只能任憑機會稍縱即逝，繼續等待下一個抓不住的機會……

其實，「機會」並不是個可靠的傢伙，你必須要先擁有「實力」，才有辦法跟它打交道！「將相本無種，男兒當自強！」從小父親就告訴我，想在這世界生存，不能去依靠任何人，就算你是個人才，那也要有人真認定你是，你才是。

中國古代知名的思想家韓愈曾經說過：「世有伯樂，然後有千里馬。」為什麼呢？因為千里馬的臉上並不會寫著「千里馬」這三個字！而且牠總是跟平凡的馬匹放在一起，若不仔細分辨，在一般人眼裡，根本就和普通的馬匹沒兩樣。韓愈甚至在文章裡嘆息：「如果不依照正確的方法駕馭牠、鞭策牠、餵養牠，牠便無法發揮所長，當牠嘶叫時，人們不懂牠的意思，反而感嘆：『這世上根本沒有千里馬啊！』這世上真的沒有千里馬嗎？說穿了，是沒有懂馬的伯樂才對！」

沒錯，我們本來就不應該被動的期望能遇到識貨的伯樂，與其漫無目的等待伯樂出現的機會，不如創造自己被伯樂發現的機會吧！能不能遇見生命中的伯樂，完全是取決於你的心態，在前往成功的路上，除了要找到識貨的人，也要每天不斷充實自己。你想成為別人故事中平凡的配角，還是一舉成為偉大故事中的主角千里馬，決定權其實就在你手上。

每個人應該都有屬於自己的人生故事，有些人活了大半輩子，簡單說就如同一本「笑話集錦」，也有人一輩子顛沛流離，歷經無數次的挫折，成就了一段段「感人故事」，更有些人的一生可歌可泣，成為恆久流傳人間的「偉人傳記」；其實，真正重要的是，別只是聽別人的故事，因為那可能根本與你無關，畢竟，對你而言，那就只是個故事，不是嗎？有句話我很喜歡：「你是要讓世界看到，還是要讓世界忘掉？」這句話的涵義其實跟「世有伯樂，然後有千里馬」是一樣的，都是在告訴我們：唯有主動出擊，才有機會被「看見」，否則，你只會被淹沒在成千上萬的平凡的馬匹之中，漸漸被遺忘，最後，你終究也會成為一匹平凡馬，縱使你曾經是個再有能力的人。

親愛的朋友，請從現在開始，勇敢創造屬於自己獨一無二的「千里馬傳說」，要給自己機會，讓自己成為一個有故事的人。**機會，不是靠別人給予，而是要用自己的雙手去創造的**。只有強者，別人才會給你機會，弱者，別人只會從你身上找機會！

在人生的舞台上，「只有個性上的強者，才能成為思想上的巨人」！然而很多人卻是思想的巨人，行動的侏儒，這多半是因為個性使然。如果因為個性，造成我們停滯不前，多可惜啊！此外，勇氣也是要靠後天養成的，所以，自己應該學習勇於挑戰、勇於嘗試，等到經驗一多，信心就會油然而生，一個有自信的人，就有更多的機會讓「伯樂」看到你！

學習不能只是學，更要練習！

無意間看到一則新聞，引起我很大的感觸。有一位百歲人瑞阿嬤以「活到老、學到老」的精神，完成學業並拿到了博士學位。在求學過程中，阿嬤幾乎從不缺課，她孜孜不倦的學習態度比起許多年輕人更是有過之而無不及。我也常對學員說：「學習不間斷，人生才夠看！」只要我們每天一點一滴不間斷的學習，終將改變我們貧瘠無趣的人生。

當然人生也不是光靠學習就夠，還需要不斷練習。往往真正的無知，不是因為學得太少，反而是因為學得太多！因為學得太多、經驗豐富就容易志得意滿；我們要懂得將自己所學，不斷延伸應用於日常生活當中，更要懂得從所學當中，激發出與原始意念所不同的想法，如此一來，就能建構出字己自主的思維與真正的能力，如果只是單純的學習，效果可說是微乎其微，正如孔子所言：「學而不思則罔，思而不學則殆。」

「現代管理學之父」彼得．杜拉克（Peter Ferdinand Drucker）走過人生長達九十六年的歲月，幾乎經歷了整個二十世紀的世局變化，其中包括兩次世界大戰、共產帝國的興盛與瓦解等等。他多采多姿的一生，目睹了從美國經濟大蕭條，到戰後美國強大經濟力的榮景，這讓他有了超越時代的宏觀。他將畢生所知所學的知識化做文字，帶給人們無限的價值。儘管年過九十，他對寫作的熱情依然毫不減退，最終寫了四十多本有關經濟、政治、社會及管理學著作，發行全球。

在《有效的經營者》（The Effective Executive）一書中，杜拉克提到：「我小時候的鋼琴老師曾經生氣的對我說：『不管你再怎麼練習，也不能學得像阿圖爾・施納貝爾（Artur Schnabel）彈莫札特的曲子那樣高明。不過，你沒有理由不像施納貝爾那樣練習音階。』因此要求他一而再、再而三的練習。彼得杜拉克也說過，學習鋼琴的爬升音階，或是外科醫師練習手術縫合技術，只要日復一日、年復一年，技術就會越精湛。

當然，也有些人就是想用本能、天性去過日子，這也沒有不好，但是有著積極人生觀的人，就懂得利用學習逆轉人生，達成自己的夢想。電影《葉問》中有一句台詞我很喜歡：「不要說得滿嘴的功夫，能真的打得到人的才叫真功夫！」在生活中，我也喜歡透過各種經驗不斷學習，並且將那些我曾經學過的知識運用在各方面。這樣的方式反而能讓我更快速的成長，所以我深深相信，「知識」真的必須被實踐後才是力量呀！

其實，行動力不在於你課堂上聽到了多少，而是你做了多少。很多人很會講，但是光說不練，誠如我曾經無意中聽到的一句話：「我手寫我口，我口說我心！」以我為例，就像個人在課堂上授課所寫到的，就是我常常在說的，而我常常在說的，正是我真正有用心去做到的！

如果熱愛學習是好事，那請別忘了，要真正學到身上，就要靠不斷的練習。所有我們學習到的新資訊、新方法、新技巧，都必須要透過不斷練習，才能真正的內化在我們自己身上，任何領域的專家與高手，都是歷經無數的自我鍛鍊，才能有今日的表現與成就。簡單來說，從這些成功人士的身上，你可以看見一件事——「成功就是一種不斷付出行動後的結果」！親愛的朋友，學習很重要，但練習更是關鍵，別忘了每天都要將所學到的，付諸行動去淬鍊，並且開始運用在你的生活圈吧！

找對方法創造全新的自己

有位個性直爽的學員曾對我說：「老師，我老公都覺得我不夠溫柔，於是聽完你的課後，我回家馬上就改變自己，開始對他噓寒問暖，結果他反而覺得我怪怪的，我想我還是不要改變算了。」

大家有發現問題出在哪裡了嗎？問題就在「馬上改變」！其實，想創造一個全新的自己是無法一蹴即成的。只要方向正確，一步一步慢慢來，改變當然能使自己變得更好，如果發現自己沒有變得更好，那就再次修正，切勿因為一次的失敗就輕易放棄，一旦就此放棄，那麼將來自己就越來越不願意再做出改變了。

也許有人會說：「我也想改變自己，但是總抓不到方向，找不到方法。」其實一個人有了缺點，應該要從根本修正，如果像不肖水電工人抓漏，只是做做表面的防水工程，未找出漏水的病灶加以修復，沒多久漏水的狀況還是一樣會發生。或者像壁癌一樣，即使你在牆上塗了再多油漆，卻無法徹底杜絕問題的根本原因，未能找出真正的病因，就無法對症下藥。

許多人總期待自己的人生變得更好，但只空想期望自己的處境能獲得改善，卻從來不去改變自己，這正是自我改造失敗最大的關鍵！

改變可以分為兩個層面，心態的改變和表象的改變，心態顯示我們的內心狀態，表象則是外顯給人的感受，兩者雖互為表裡，但心態卻是關鍵；當我們擁有良好的心態時，表象才會顯得真誠大方，而當我們具備良好的表象時，顯示我們的心態一定健康。往往真正所謂良好的態度，應該要從心態開始建構起。其實不只是個人，很多公司、企業，都希冀從表象改變著手，期望能教育員工隨時維持態度良好，然而說真的，如果從表象做起，日子久了也能養成習慣，但習慣卻是隨時都能夠被改變的，必竟那只是一種模式。因此，唯有將自己的心態建立好，才能行之久遠。

此外，一個明明想改變的人為何不能做出改變？簡單的說，因為他只是想，卻缺乏行動力；誠如中國商務網站阿里巴巴的創辦人馬雲所說：「晚上想想千條路，早上起來走原路，不要到九十歲還在講夢想！」所有的想法都是假的，只有做出來的才是真的。

個性的軟弱，會直接影響我們渴望改變的心，人生的路上，想要戰勝一切邁向卓越，最先要做的就是戰勝自己的性格，這一生我們最大的挑戰，絕對不是什麼天大的難事，最簡單就從認識自我的缺點開始。

我們無法改變連自己都不認同的事，如果未能認清自我的缺點，那麼也只能維持現況、一成不變，接受自己只配擁有目前原有的一切。我也常常跟一些朋友說，想要改變現狀，就必須將整個腦袋重新改造，當然，只有提升外在的硬體是不夠的，連內在軟體也要升級才行；因此，先讓自己裝上新的裝備，灌入新的軟體，徹底升級後再出發吧！

創意思考不是鑽牛角尖，也不是「想」事情，而是「聯想」事情。就像是神經系統的觸發一般，因為創意是從聯想而來，一個不經意的聯想，就能找到一個創意，很可能因此改變你的一生，也可能改變整個世界。親愛的朋友們，思想是我們最重要的資產，一個人能夠懂得善加運用思想去改變現況，未來前途一定無可限量，然而若只是空想卻不肯付出行動，將注定招致失敗！你想改變嗎？請記得慢慢來，持續堅持修正改進，不可求快，相信在不久的將來，你一定可以改變成功！

成功從助人的小小行動開始

如果現在的你，願意做他人所不願意做的事，你才能有機會得到那些未來他人所無法擁有的本事！

星雲大師曾說：「有的人不能被利用，故難成功；有的人拒絕被人利用，故難成就。」在職場上，許多人常常因為別人請他幫個忙，就認為別人是在利用他而不開心，殊不知人家找你幫忙，是看得起你。有時，一個人的機會就是從幫別人的忙而開始的，如果老是拒絕他人的請求，搞不好正是在拒絕自己的機會。當然也有人確實是故意要占人便宜，如果對方真是這樣的人，將來總是要吃虧的，不需要為了他而影響我們自己的心情。

曾經有學員信誓旦旦的對我說：「我一定要成功，等我將來成功後一定會幫助他人成功！」

我提醒他：「其實，你可以現在就幫助他人，不需要等到成功的那一天，而且，如果你現在就付出行動去幫助他人，搞不好成功會更快達成。」

當我們發自內心去幫助他人，一切的好運氣和力量都會隨之而至，也許我的能力有限，但是我始終相信，每一個人只要願意貢獻一點點的力量，這個社會就會越來越好。我也常告訴自己，一旦自己有能力，就多幫別人的忙，自己能力不足時就請人多幫忙，也就是因為如此，我才增加了不少能力，也創造了不少的機會和好人緣。

記得有一天，我晚上的課程結束後，在回家路上看見一位沿路發傳單的業務，許多夜歸的人們，都匆忙從他身旁走過，但是我看他依然保持微笑，不氣餒的繼續發著傳單。於是，我特意經過他的身邊，跟他拿了一張傳單，並鼓勵他：「謝謝，辛苦啦，加油！」他既訝異又開心的望著我說：「謝謝你！」看著他繼續努力的背影，我自己也覺得很開心。雖然只是小小的一句話，但有時卻能帶給人莫大的勇氣與力量。

在人生的道路上，難免會有碰到低潮的時候，這時別忘了伸出手，讓周遭那些關心你的人，看見你需要被幫助。有些人不願意讓別人幫助他，也許是因為不想讓周遭的人看見他脆弱的一面，其實，我們不妨試著換個想法，當我們伸出求救的手，並不是在示弱，反而是展現出「我想繼續走下去」的堅強意志。

親愛的朋友，碰到困難是很正常的，再堅強的人，也會有碰上麻煩的一天，所以，適時發出求救信號相當重要，可以的話，就接受別人的好意拉你一把，相信未來的你將會走得更順利，也更不寂寞！

很多人常以為，只要有了方法和技巧，甚或是網路行銷工具，人際關係就能無往不利，但在我的概念中，那只是加快建立關係的捷徑，並不能協助我們與他人真正建立起人際關係。真正能讓我們建立良好人際關係的只有兩件事，那就是「性格」與「行動」，如果我們真能搞懂這兩件事，相信頂尖人際專家就是你！試問，你了解自己嗎？你行動了嗎？

Chapter 4

沒有過不去的路，只有過不去的人

只要你願意相信自己，
一定就能找到繼續走下去的力量。
逆風之下鳥兒更容易學會飛翔。
唯有在所有條件都不利飛行的狀況下，
你才會發現自己能飛得多高多遠。

你可以休息，但絕對不要放棄

休息是為了走更長遠的路，但往往很多人讓自己休息久了就再也提不勁！

如果，你對自己的工作產生了倦怠感，請問問自己：「當初的熱情跑去哪了？」不要抱怨自己現在的環境，也不要認為換一個環境或許比較好，如果你無法突破現有的困境，只認為下一個地方會更好，我必須現實的告訴你：「現在這個地方不好玩，下一個地方也不會比較好玩。」因為問題的關鍵在自己身上！

我必須糾正大家一個許多人都會犯的錯誤觀念：你是否明白休息的目的究竟是為了什麼？我們的確不必勉強自己時時刻刻處於備戰狀態，「休息是為了走更長的路」，但我們也不能任意濫用這句話。如果休息是暫時在忙碌的生活中稍作喘息，對於目標在哪仍然清楚明確，知道休息後的下一步要怎麼走，那麼，休息就是具有意義的。它可以幫助你儲備戰力，不管在任何一個時間點決定開始行動，都不會迷失方向，即使從零開始也不害怕。

人一生的職業本來就不可能從一而終，只要你真的找到了最適合自己的工作，那麼，休息之後再轉行，其實不會太晚。我也曾經轉換跑道，從一個配音員到擔任講師，期間當然也休息了一段期間，思考未來的方向，但是當我一旦決定了志向，便毫不猶豫的立刻行動。然而我看到很多人所謂的休息，其實只是想逃避困境。逃避解決不了的問題、逃避是解決不了問題的，甚至你還必須面對逃避後接踵而來的壓力，當你沒有下一個方向與目標，這樣的休息，說穿了跟「放棄」無異，你放棄了與現實的搏鬥，放棄了讓自己成長的機會，你只是用「休息」來安慰軟弱的自己、來美化逃避的行動而已。

另外有句話是這樣說的：「開始永遠不嫌晚。」不論你每次的休息花費了多少時間，不論這是你人生哪個階段的休息，只要目標確定、充滿熱情，那麼，你每一次的開始都不嫌晚、每一次的行動也不會太遲。你有源源不絕的創意，卻找不到欣賞你的伯樂嗎？只要你充分準備好，休息之後再創業，不論幾歲都可以；騎車環島、投身公益，這種熱血的夢想是否也曾出現在你腦海中呢？只要這個夢想有意義、能滿足你心底的快樂，那麼，休息之後再出發實現，有什麼不可以？是的，你絕對可以在人生的旅途中規劃休息。但是，如果休息之後你選擇無所事事、苟且度日、沒有目標與夢想，更沒有休息之後的行動，那你就只是「放棄」了自己原本的生活，而不是休息充電。

不管你想做什麼，永遠都不嫌晚，但請永遠記住，什麼時候開始都行，請一旦開始後就不要放棄，你可以休息，但絕對不要放棄，因為放棄就是放棄，以後就再也沒有機會了！

親愛的朋友，希望大家在做任何決定前都要仔細思考清楚：我這次的休息值得嗎？我要休息多久？休息之後要如何再開始？這一連串的問題缺一不可，千萬不要貿然就決定讓自己的人生休息，因為休息太久，就會找不到方向，找不到方向，就會無法開始行動。結果，你的人生就這樣被你休息掉了，值得嗎？

「機會」總伴隨「危險」

我們常常聽到「危機就是轉機」。然而你可曾發現，危機這個詞拆開來看，其實就等於「危險」加「機會」呢！中文造詞的奧妙，危機真正的涵意可不是表面上我們總以為的意思，我們應該更深入探索它深層的意義：危機，就是「危險」總伴隨著「機會」。

但是，並不是每個人都能發現藏匿在危險背後的機會，而關鍵就在於我們怎麼去看待當下的危機。當然自己的個性也有關係，一個自信積極、勇於嘗試的人，會認為危險的背後有機會，所以他選擇突破危險，抓住機會；但如果是一個優柔寡斷、猶豫不決的人，就會認為危險的背後還是危險，所以他會選擇能避就避，當然避掉危險的同時也把機會給埋藏掉了。

事實上，這個世界本來就不是「二分法」這麼簡單，沒有絕對的壞人與好人，也沒有絕對的壞事與好事。所以，即使你遇到再壞、再可怕的危險，它一定都存在著值得我們去細細推敲的另一面，只要你找得出來，這另一面就會成為你發現機會的轉折點。

西方有句俗諺：「上帝為你關了這扇門，一定會為你打開一扇窗。」不要總認為只有門才是出路，應該去找出那扇你一直都沒發現的窗。我們翻開中國歷史，會發現每一個朝代都是因危機而產生。擁有慧眼的英雄總是能在混亂危險的世代中推敲出新的機會，然後推翻歷史，建立新的王朝。面對危機時，請記得保持正面思考。人生的路上，並不是所有的期待，都會是我們所預期的結果。危機可說是處處存在，如果你簡簡單單就被危機打敗了，那你永遠都不會發現隱藏在危險背後的機會是什麼。

再舉些例子吧！四位初聲試啼的年輕音樂人，正戰戰兢兢的演唱他們試鏡的歌曲。這四位年輕人認為自己已經做得很好了，對於發行唱片勝券在握，但是音樂製作人卻對他們的聲音不感興趣，拒絕為他們發行專輯，其中一位甚至還唱衰他們，他說：「我們不喜歡這種聲音，而且我認為吉他組合很快就會退燒、甚至退出歷史舞臺了。」你知道嗎？這四位年輕人後來組成的團名正是「披頭四」！他們在這次的危機中發現了自己聲音的缺陷，這就是改變的機會，披頭四選擇迎戰，並且更努力的去爭取自己想要的。

成為外表光鮮亮麗的模特兒是許多女孩們的夢想，而身為掌握這些夢想能否實現的模特兒公司老闆雖然幫助許多人實現心願，同時也粉碎了許多女孩的美夢。當然，他們偶爾也會有看走眼的時候，就如有位老闆曾經告訴一位夢想成為模特兒的女孩：「妳不是當模特兒的料，秘書的工作更適合妳，或者乾脆早點嫁人算了。」然而，這位女孩並沒有因此而退縮，她在危機中發現自己外表的缺點，跨越危機為轉機，最終，她成為聞名全世界的瑪麗蓮・夢露（Marilyn Monroe）。

人生不如意事十之八九，成功和失敗的機率本來就是各半，但請你務必記住，真正的機率問題，並非你所知道的那樣，而是你所努力後的結果。凡事要充滿熱情，隨時保持一顆渴望的心，不讓直覺和成見影響那顆追求卓越的心，這才能突破自我設限，成就更棒的真我！

我們往往不該等待別人給我們機會，而是自己給自己機會！一個懂得把握機會的人，總是能不斷付出行動去努力嘗試，也許不是每次嘗試後的成果都盡如人意，但只要願意多給自己一些鼓勵，再多嘗試幾次，也許結果就會不同。人生不是問答題，而是申論題，答案無關對錯，只有寫的人自己最清楚到底用心了沒。我個人始終相信，一個願意用心投入自己生活的人，他一定會得到更多自己創造出來的機會！

成功者和失敗者最大的不同

「失敗為成功之母」這句話雖然老掉牙了，但是古人的智慧即使用在現代依然受用無窮。成功者並非一朝一夕就能成功，在他成功的過程中，與失敗者一樣，總會伴隨著挫折。最後是什麼造成了成功與失敗的差異呢？其實就是在每一次的挫折中，你到底學到了什麼、累積了什麼。

成功者在每一次的挫折中一點一滴累積淚水與警惕，這些經驗會使他們離成功更近，這就是他成功的方法。而失敗者在每一次的挫折中只學到了一次又一次的挫敗，毫無累積，當然他們離成功的距離也不會縮短。成功者在每天的生活當中，不斷練習他成功的方法，累積再累積；失敗者也在每天的生活當中，不斷每天練習他自認為會成功的方法，然而，沒有任何經驗累積的方法，不論他怎麼練習，最終的結果依然是失敗！

我曾經聽過一位企業家朋友談論他的兩名員工，兩位都是能力相當好的助手，就稱他們為主管A和主管B吧。主管A與主管B的辦事能力其實旗鼓相當，然而他們倆在面對老闆的詢問時，卻有著兩種截然不同的態度。當我這位企業家朋友想要「糾正」兩位下屬的決策時，其實並不是想要責罵、責怪，更不是要挑釁、攻擊，他只是想與兩位員工討論更可行的辦法。但是，主管A在面對老闆「你為什麼不這樣做？」的問題時，卻總是採取防禦姿態。他會辯解、找理由、找藉口，所以他的回答總是：「我這樣做其實沒什麼不對，只是你有更好的想法而已。」而主管B在面對同樣的問題時，卻會積極尋找辦法，以突破自己的盲點，所以他的回答就會是：「你有更好的想法，那我可以做什麼來修正？」久而久之，老闆當然會比較喜歡找主管B來討論公司決策。這就是主管A和主管B在面對挫折時的態度差異，也是造就他們一人成功、一人失敗的主要原因。

成功的人目標不變，但是方法一直在改變；失敗的人目標一直在改變。但是方法永遠不變。在工作或學習的過程當中，常常目中無人、自以為是的人會說：「這些我都懂了！」然後維持原狀，而正向積極的人會問自己：「既然我都明白了，那我可以做些什麼？」於是不斷求進步。知名的鴻海集團創辦人郭台銘，對於成功者與失敗者就曾下了很精準的註解。「解決問題，失敗者會找理由，成功者會找辦法。」你看到這兩者之間的差異了嗎？

換個角度想，我們也可以說成功者的字典中通常只有「結果」，而失敗者的字典中卻處處充斥著「如果」。這也就是，失敗者通常慣用「如果」來做為自己逃避失敗的藉口，因為，失敗者總以為只要在每件失敗的事情後面接上「可是」兩個字，就可以為自己卸除應負起的失敗責任。這就是成功者和失敗者之間最大的不同呀！

成功者，挫折中看見希望，所以，挫折對他們來說就是一種警惕！失敗者，挫折中看見失望，所以，挫折對他們來說就是一種挫折！

成功的人從不輕言放棄，放棄的人絕對不可能成功！親愛的朋友，別輕言放棄，好嗎？任何事情都一定有解決的方法，只是我們都很少去找方法。讓我告訴您一個小秘密，「積極心態」就是所有成功者找方法的祕訣！別忘了，下次遇到問題，也要用「積極心態」來解決！

逆風的方向更適合飛翔

常常我們可以聽見一句祝福「一路順風」，的確，我們心中常會乞求做任何事情都能平順，但是人生往往不是如此；孩童階段學走路，一定都曾跌倒，求學階段考試也都有考差的時候，出社會工作後也一定有業績不好的時候。

當然，當我們狀況不好時，難免有不看好我們的人對我們冷嘲熱諷，但我們做人做事要學會爭氣，而不要生氣。別人對我們不好，我們更要學著對自己好，甚至反過來對他好。對人好，我們，至於別人怎麼對我們不重要，重要的是我們並怎麼對待自己。雖然一路上我們總會碰到許多人看輕你、不屑你，但請記得不要太過在意。要努力讓自己過得比過去更好，給那些瞧不起你的人一記當頭棒喝！

相信大家一定都聽過「蔣公小時候看到魚逆流而上，而發奮向上」的故事，求學時期的我對於這個故事還沒覺得有共鳴，但是有次碰巧看到電視節目介紹鮭魚逆流而上的過程，看魚兒不斷跳越湍急的河流、瀑布，時刻刻都在跟自然搏鬥，這樣的畫面讓我也為之動容。

其實，想想人生不如意十之八九，在順境時往往因為得來全不費工夫，所以我們容易自滿自大、得意忘形，其實在逆境中的奮鬥與成長才是真正實力的展現。

不過也有學員問我：「有時在碰到逆境的當下真的覺得好痛苦，到底該如何是好？」

我認為這種時候做些能讓自己產生信心的事，總比什麼都不做來得好，信心雖然無法馬上讓你的痛苦消失，但卻能夠帶你脫離逆境！比如你一直自信文筆不錯，那麼可以開始動筆構思一部小說，說不定在未來某個人生路口，你就能成為一個優秀的小說家了！比如你一直喜愛畫畫，那就準備好顏料與畫布開始動筆吧，只要相信自己，說不定有一天你也能成為藝術家。

改編自真人真事的國片《逆光飛翔》描寫鋼琴家黃裕翔，雖然雙眼全盲，但是仍然憑著對音樂的熱愛，成為台灣第一位全盲鋼琴學士的精采故事。他表示求學路走得很辛苦，也遭受不少同學們的負面抱怨，但是家人一直用樂觀的態度支持他學音樂，因此雖然眼睛看不見，但是黃裕翔卻不自卑，運用敏銳的聽覺，將弱勢轉化成優勢，在音樂路上得到好成績。

我也時常跟我的學員分享，在我人生的路上，也曾有過許多挫折，但我始終都會想盡辦法找出路，也希望正處於逆境的您，不要輕言放棄，所有的事都會有它的解決方法。只要你願意相信自己，那麼一定會有力量走下去的，因為逆風的方向更容易學會飛翔，唯有在各種條件都不利於飛行之下，你才會發現其實自己能夠飛得多高多遠，不是嗎？

《逆光飛翔》

鋼琴家黃裕翔雙眼全盲，但是仍然熱愛音樂

彈奏出美妙音樂，
成為台灣第一位全盲的鋼琴學士

曾經在我最潦倒的時候，父親問我：「小經，你要記住！你現在過的生活，是你自己的選擇，十年後你還想這樣嗎？」這段話當時給我很大的提點。是啊，我的生活是我自己的選擇，如果我不想再這樣，那就要選擇改變，不是嗎？親愛的，如果你跟過去的我一樣，過著自己不想要的生活，現在就開始付出行動，勇敢去改變吧！

恐懼是我們前進的阻礙

人類最厲害的想像力，就是恐懼。因為想像出來的敵人永遠是最難打敗的。所以，人類最大的敵人，通常就是產生恐懼的「自己」。

梵谷（Vincent Van Gogh）曾經說過：「如果你聽到自己內心有個聲音在說『你做不到』，你就必須想盡辦法去做，那麼這個聲音就會自動消失不見。」這個「你做不到」的想法，其實就是源自於人類內心最深處的恐懼。害怕自己會失敗、害怕過程很辛苦，有千千萬萬的理由會促使你產生恐懼而不去行動。參考西歐制度，奠定俄羅斯西化基礎的彼得大帝（Pyotr Velíkiy），他就對人說過：「我能夠征服帝國，卻不能征服我自己！」可見不論是多麼驍勇善戰的帝王，也敵不過人類心中那千奇百怪的情緒，而那也才是真正會影響我們做事的敵人。換句話說，當我們一旦勇於面對時，內心的各種負面情緒就將被正面能量打敗，當然也就不會恐懼了。

恐懼是我們前進的阻礙，而大部分的人，都是因為害怕失敗而產生恐懼。但是，很多人卻不知道，其實對於成功，有些人也是會害怕的！比方說，某些公司的員工，害怕事情做完之後，主管會再丟更多的工作給他，於是就選擇讓自己不要太快完成工作，能在時限之前剛好完成就可以了；而做業務的，這個月業績不錯，卻擔心下個月業績相較之下就顯得不好，所以做到足以交差就好；學生也會有一樣的情形，如果這次考試成績考得不錯，就擔心下一次考差會更丟臉，於是龐大的壓力將自己壓得快受不了。這種對於成功的恐懼，有時候反而更會限制我們的潛能，讓我們沒有機會創造更加卓越的表現。

過去的我，常常會為了一些事，擔心到茶不思飯不想，有時壓力一來，就好比像是走高空鋼索一樣，整個心思就是想逃避。後來因逐步學習調整，才慢慢越來越能控制自己的心，開始能不再為了小事擔心，也不再給自己太大的壓力，因為我已經慢慢學會如何克服恐懼，去走那曾經讓我擔心害怕的「心靈鋼索」。

在課堂上，我也曾對學員丟出「享受無法逃避的恐懼」這個議題，當時很多人會有一個反應：「天啊，恐懼已經很不舒服了，怎麼還有辦法享受？」是啊，恐懼是一種很不舒服的情緒。既然很不舒服，那為何還要一直讓它在我們身上盤據呢？既然它在你身上無法擺脫，不如就與它共存囉！這樣的人生不是更有挑戰性嗎？這也是人生最大的挑戰，克服心中的恐懼，甚至要享受那股恐懼！唯有享受，你才有辦法駕馭它。

為了一些事，擔心到茶不思、飯不想，
有時壓力一來，就好比像是走高空鋼索一樣

怎麼辦？完全不知如何處理？

沒有食慾！
其他事也提不起勁！

↓ 無法動彈，停滯不前

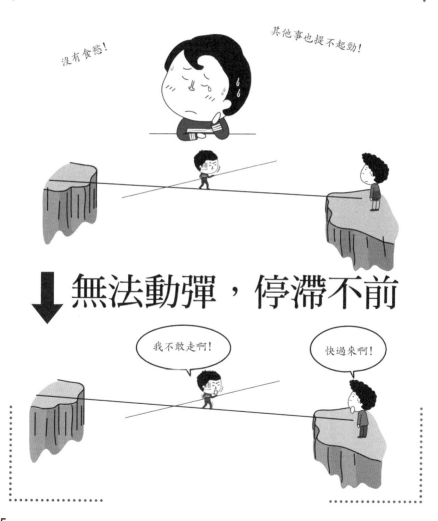

我不敢走啊！
快過來啊！

親愛的朋友們，讓我們一起突破恐懼的限制，邁向更精彩的人生，不要讓自己活在完全沒有挑戰的生活當中，那只會加快我們邁向了無生趣的墳墓！

當恐懼如巨浪般，不斷向我襲捲而來時，我駕著自信的小船，任憑那無情的風雨，漸漸將我吞噬，在勇氣耗盡前，幸虧有您給了我希望和方向，讓我靠著不可思議的意志力，不斷奮戰，期待寧靜的到來！

《黑暗騎士：黎明昇起》（The Dark Knight Rises），劇中蝙蝠俠在被對手困於一個相當高聳險峻的監牢時，嘗試要逃離，卻老是失敗，後來他終於成功，是將身上綁縛免於摔死的安全繩拿掉，正面迎向恐懼，在毫無退路的情況下，成功出逃。這個橋段給了我們很大的啓發，那就是——一旦我們能學會運用恐懼的力量，很多事都不難達成。親愛的朋友，讓我們一起「享受無法逃避的恐懼」吧！

如何克服低潮

我從不認為一帆風順的人生會是個值得一提的好人生，因為人生就是要有起起落落，才會豐富、精彩，不是嗎？而且每一次的「落」，通常都能造就更高峰的「起」，若只是一條平順的直線，你要花費多少的力氣才能到達一個高峰呢？甚至，你有可能一輩子都無法創造人生的顛峰。

有時，當我們遇到人生的低潮，總會不自覺懷疑自己的能力，而暫時失去鬥志，其實不用擔心，這是正常的，我稱之為「暫時性失志症」。如果這只是一時的症狀，問題還好解決，但若是常態，那可就得趕快想辦法振作起來才行！也因此，不少人問我：「究竟要如何克服低潮？」我的回答是：「人如果未曾經歷過低潮，是無法從中發覺自己的問題的。因為低潮而有機會能認知自己的問題可是件好事呢！至於要如何克服低潮，其實很簡單，首先不要老是在那想著到底該怎麼辦，而是先搞清楚自己究竟要做什麼、能做什麼，然後開始規劃，並付出行動。碰到困難就開口求援，務必要堅持到底，絕不放棄。如果你選擇放棄，就別再讓我看到你，因為連你都放棄了自己，還有誰能夠救你呢？」

千萬不要讓自己持續陷入低潮，放棄自己或選擇卓越都是你自己的人生選項；大環境不好，你可以選擇接受，不然就迎向挑戰；運氣不好，你可以選擇認命，不然就主動創造機會。面對低潮時，我們要有這樣的心態：

挫折，可以鍛鍊我們面對挫折的態度。

阻礙，可以鍛鍊我們克服阻礙的勇氣。

磨難，可以鍛鍊我們接受磨難的意志。

失敗，可以鍛鍊我們挑戰失敗的決心。

不論是平凡人還是偉大成功者，誰的人生不是有起有落？唯有作出正確的選擇，你才能活得更愉快、更充實。就以蘋果創辦人賈伯斯（Steven Paul Jobs）來說，他曾經被自己一手創辦的公司給開除，可說是他人生中的一大低潮與難關，然而賈伯斯卻說：「蘋果公司開除我，是我人生中最好的經驗。從頭開始的輕鬆釋放了成功的沉重，讓我進入了這輩子最有創意的時代。」沒錯，這種一般人難以忍受的落點，卻成為賈伯斯敗部復活、東山再起的起跑點。他抓住機會重新面對自己的內心，找出自己隱藏在內心深處的熱情，愈深的挫折讓他更能看清真相，最後如願以償克服低潮、重返光榮。

而在球壇上發光發熱的林書豪（Jeremy Shu-how Lin），他的人生低潮也是一般人難以想像的。林書豪曾有感而發的說：「對我來說，失敗就是不給自己成功的機會。」這也說明了他用一種永不放棄的信念在面對人生的低潮。為什麼人們會喜歡去閱讀這些成功者的經歷，原因其實顯而易見，因為有大起大落與豐富內容的人生，才「值得一提」。這些成功者的人生低潮、難關，面對困境的態度、想法，成就了一本值得一讀再讀的好書。或許我們的人生不會像他們一樣精采與豐富，但祈求一個一帆風順、毫無記憶點的人生，是不是也太無趣了些呢？

親愛的，最近發生了什麼事讓您心情鬱悶嗎？其實，並不是外在的因素讓我們心情受影響，而是我們的心情被自己的個性給影響了，如果您想改變這樣的狀況，透過「生理改變心理」吧！出去走走或是去跑步、打球，盡量讓自己動起來，透過生理的動作去影響心理的狀態，這個方法真的很有效，開始付出行動去試試吧！

成功不遠，是因放棄而路遙！

「失敗≠失敗者」，失敗只是一時的，隨時可以重頭來過，但只要選擇放棄，那就注定會是個失敗者！

很多人常常一碰到失敗，就把自己當成是一個失敗者，這是不對的。失敗只是讓自己邁向成功的過程，最重要的是能否從失敗中記取教訓，並將其化作是通往成功路上的有利經驗，如此一來，多失敗幾次就更接近成功，不是嗎？如果只是一個小小的失敗，就讓我們灰心喪志，毫無熱情與鬥志，甚而選擇自暴自棄，那這樣的人就只能是個失敗者！

有時，或許我們真的已經很努力了，結果卻是不甚滿意，甚至還得面對失敗的苦痛，這時「放棄」這個字眼，會在我們腦海裡不斷浮現，如果選擇了它，你將注定掉入失敗的輪迴。能不能離成功越來越近，還是得取決於自己的決心與態度，在遇到困難時，我們不能期望總是有人會像奇蹟一般出現，為你解決所有困難，把你從失敗中解救出來。單靠運氣是無法成就任何大事的，無論如何，能讓你脫離失敗深淵的，只有你永不放棄的鬥志和苦幹出頭一個人遇到困難時只會想著：

重頭來過會不會更好?
好猶豫喔!
我這樣做好嗎？
唉唷!真煩...

結果 → 永遠都嚐不到成功後的甜美果實

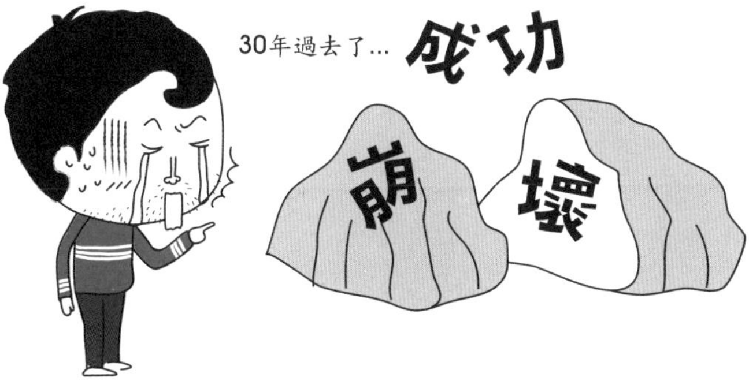
30年過去了...
成功
崩
壞

的決心而已。

行動比思想更具有力量。當一個人遇到困難時只會想著：「我這樣做好嗎？」、「重頭來過會不會更好？」，光是花時間思考這些讓你放棄的理由，其實就夠你採取行動將困難解決了！的確，放棄比較輕鬆，放下心中想邁向成功的大石頭，或許你就能永遠停留在你的舒適圈裡，沒有失敗、沒有挫折、沒有挑戰。但同樣的，你永遠都嚐不到成功後的甜美果實。所以，一個人能否成功的關鍵，就在於你能不能突破心中怠惰的因子。是人都會有怠惰的時候，特別是遇到難以解決的困境時，就會想要放棄，好卸除自己身上那沉重的壓力。

曾和甘地一起被捕入獄的首位印度總理尼赫魯（Pandit Jawaharlal Nehru），亟欲仿造英國來建立印度的政治體制，雖然後來並非完全成功，但是他偉大的事蹟，影響印度頗深。他曾說：「人生就像是玩撲克牌，發到手裡的是什麼牌早已確定，但是你可以決定要怎麼盡力打好這一副牌。」沒錯，在我看來，成功與失敗往往只差了半步，起決定作用的其實就是你要往後走向放棄、還是往前邁向行動。而我個人戰勝放棄的方法很簡單，就是透過語言自我暗示，不斷反覆大聲告訴自己：「再試一下，再試一下，也許會成功！」透過簡單的方法，就能充滿再拼一下的信心與勇氣。其實，激勵自我的方法很簡單，關鍵就看你是否願意嘗試。

「雖然我今天倒下去了，但我明天一定會再爬起來！」、「現在放棄還太早！」，就是這樣簡單的幾句話，你只要謹記在心、反覆念誦，將會帶給你面對失敗的勇氣。朋友們，何不跟著我讓「永不放棄」成為自己的暱稱，「堅持到底」成為一生的名字！這就是成功的信念，也是自我暗示改變自我的最佳方法！

人生的路上請不要顧影自憐，那只會讓「失敗」這個衰神，嘲笑你注定當它的階下囚！親愛的朋友，教你一個不放棄的小祕訣，就是「壓力」！現在開始每天都要給自己一個簡單的功課，去思考如果某件事去做和不做的後果，如果不做也不會怎麼樣，那我想這件事就做不成了；所以，不管做任何事，要堅持下去一定要給自己一點「壓力」，沒有壓力就不會成長，更不可能成功！

勇敢的「相信自己」

人生的路上，我們都會歷經許許多多的挫折，才能慢慢學會克服萬難，看見希望，這一路上我們都曾堅持過某些目標，但許多往往無疾而終，不了了之；所以，我們都有一個老毛病，許多事老是要看到希望才願意去堅持，如果沒有希望，就選擇放棄。

有句話是這樣說的：「人因夢想而偉大」，我倒認為是「人因相信而有夢想」，所以最偉大的其實是「相信」這樣的信念。因為相信所以堅持，而有希望成就了夢想。從小到大，你放棄了多少的夢想與目標？放棄的理由有百百種，但其實大多可以歸咎於一個原因，那就是——你不相信自己。你不相信夢想有可能實現、你不相信你能成功達成目標。但往往我們可以發現，許多事都是堅持了才會慢慢看到希望，不是嗎？就像我常常掛在嘴邊的一句話：「成功的人總是相信就會看見，失敗的人總要看見才會相信！」所以說，「相信」在我們的人生中到底扮演了多麼重要的角色啊！

朋友的兒子從小就很有彈鋼琴的天分，從幼稚園一直練到高中，這麼多年來從沒怠惰也不減初衷。有一年他報名參加了全國性的比賽，雖然落敗而歸，卻大大地讓他開了眼界。所謂人外有人、天外有天，他敗得心服口服，但他並沒有因此而氣餒消沉，反而更積極的充分運用早自修與放學後的時間練習。我問他：「是什麼讓你堅持下去的？」他卻回答我一個他父親自小就告訴他的故事。

中國畫壇大師齊白石年輕時曾有一位天資比他更好、但卻半途而廢不再作畫的朋友，齊白石成名後偶然再遇到這位同伴，兩人不禁回憶起年輕時一起學畫的時光，同伴很感慨學藝之難，但齊白石卻說：「其實成功並不需要太長的時間，只需要四年多的時間。」這的確是事實，齊白石從年輕到揚名為止，每天作畫的時間從一個小時慢慢增加到十個小時，多年來他花費了將近一千六百多個小時，換算成天數就是四年又四個月，這就是齊白石付出的堅持與努力，以及他相信自己做得到的信念，讓齊白石從小木匠成為名聞世界的畫壇大師。

堅持是一場持久戰，要耐得住寂寞，也要耐得住誘惑，千萬不要因為一點挫折就沮喪，永遠都要相信自己做得到。說真的，「相信自己」是我以前一直覺得最難做到的事，但後來我也還是慢慢學會了，當我開始相信自己的時候，所有幸運之神都站到我這邊來幫助我，這就是相信的力量。我沒想過要贏得什麼，我只想成就更好的自己，也希望成就他人，雖然仍然碰到許多的挫折與嫌棄，我卻始終不放棄。

有句話說得好：「失敗為成功之母！」但別忘了：「堅持為成功之父！」我始終相信，做對的事就開心，做對的事就不怕路途遙遠。不要當那個受挫之後，只會唉聲嘆氣的人！要當一個受挫之後，就算含著眼淚，帶著微笑，仍繼續狂奔向前的人。生命就是要「秀出自信」，精采自我人生，愛自己所熱愛的，才會得到真正的快樂。

親愛的朋友，從現在開始，若想讓自己更有自信也更有活力，請勇敢的「相信自己」！

如果我們一直不敢付出行動，去做你很想做的某件事，原因很可能是因為「我們不相信自己」。讓我教各位讀者一個小祕訣，每次要做某件事而擔心害怕時，就將左手輕放在左胸口，接下來就不斷複誦：「我相信我自己！」一定要說到讓自己願意相信自己，接下來你的信心就會更強大。從現在開始，每天給自己加油打氣，想做什麼就去做，要有勇氣付出行動，只要不斷付出行動，我相信總會有機會成功的。

人生比的是誰能夠勇往直前

我永遠忘不了飯糰所給我的力量，早年我的生活較為艱困，早上都會買一顆飯糰，到了將近中午前，才吃下這顆飯糰，把它當作是早午餐，可以省下一餐的錢。所以，即使已經到了現在，有時我還是會在早餐吃飯糰來自我提醒，不要忘了那段過去。我也會不經意在課堂上和學員們分享這些過往，目的並不是要告訴大家我曾經有多慘，因為這世界上比我們悲慘的人太多了，但是我們不是來比慘的，而是來比誰能繼續走下去的，能持續不斷前進，這才是我們成就自我的關鍵。

一般人總是比較容易接受順境，不容易接受逆境。這點當然不難，能夠安逸生活，誰會想要過處處是難關的人生呢？但是我們也不可否認，逆境確實比起順境更容易使人成長，逆境會激發我們的行動力，促使我們思考、決策，並且前進突破盲點；反倒是順境卻使我們習於、享樂，不思進取、不做行動，結果反而停留在原地。

讓我來舉個簡單的例子好了，一群登山客費盡千辛萬苦，終於到達頂峰，征服了山脈。

但是沒想到，一場突如其來的大風雪籠罩了山峰，阻斷了去路，他們正面臨人生的生死關頭。在此存危之際，這群極富行動力的登山客卻分成了兩派人馬，一派人馬認為他們應該靜靜待在帳棚裡等待救援，另一派人馬則認為與其等待救援，不如付出行動自救。

沒錯，這時待在帳篷對他們來說是順境，而眼前被風雪逐漸掩埋的道路是逆境。選擇順境的人佔大多數，他們躲在帳棚這個安逸的小圈圈裡不斷安慰自己「會有人來救我們的」；而選擇逆境的少數人馬上開始行動，他們內心湧起一股力量，這股力量來自於人類最本能的求生意志，當察覺到自己正處於生死交關時，能激發他們燃起原先欲征服大山的那股毅力，促使他們走向逆境、克服難關。行動派的登山客警覺到唯一的求生之道，就是要設法移動自己的身體，離開風雪交加的道路，直到有人發現他們。在雪地中的身體逐漸失溫，他們清楚的知道，只要休息一下就等於死亡，因此他們必須不斷的行動、不斷的繼續前進。終於，這股求生意志戰勝逆境，行動派活了下來；而待在帳篷裡的登山客，等到救難人員好不容易上山救他們時，已經失溫過久。

人的一生其實就跟登山的過程一樣，沒有筆直的馬路，只有一段又一段崎嶇不平的山路。行動，是唯一邁向山頂的方法！即使我們的速度各異，但是不行動，你永遠沒有機會看見山頂那最遼闊的景致。有句話說：「了解如何面對逆境，遠比如何接受順境重要得多。」

人的一生其實就跟登山的過程一樣，沒有筆直的馬路，
只有一段又一段崎嶇不平的山路。

行動，
是唯一邁向山頂的方法！

在登山的路上，我們必須一步一腳印，不斷攀登，並且誠實面對困境才是邁向成功的唯一路徑。

親愛的朋友，不管這一路上碰到多少艱難險阻，一定要繼續走下去，千萬不要停下來怨天尤人、自暴自棄，因為那對我們不但沒有任何幫助，甚至會侵蝕我們的想法，腐化我們的意志，讓我們就此停在原地、裹足不前，到最後只剩下悔恨的軀殼，這是你想要的嗎？如果不想，請付出行動，繼續前進吧！

創造力來自於不斷嘗試

電影《鋼鐵擂台》利用機器人建構了未來的拳擊舞台，讓機器人彷彿有了生命一般。的確，隨著科技日新月異，漫畫或是電影中的機器人，在真實世界中彷彿也能成真，不但富有聲音表情，動作也越來越細緻。然而，目前的科技雖然已經可以利用機器人代替人類達成許多工作，但是機器人還是距人很遠，我認為最主要的原因在於人類獨具豐富的想像力與創造力。

想像力與創造力仔細說來，其實是兩回事，許多人想像力十足，但是卻沒有勇於行動的創造力。而創造力如何產生？就是不要怕失敗，勇敢行動，如果怕失敗而不去做，就永遠不會知道自己可以用不同的方式，去完成一些習以為常的事。因此，我認為要激發自己的創造力最好的方式，就是願意不斷嘗試，相信自己能給自己創造什麼，而不是依靠別人使自己得到什麼！

日本知名服裝品牌UNIQLO（優衣庫）在兼具功能性與舒適感之外，以平價再創日本經濟奇蹟，也帶動全球服裝熱潮，創辦人柳井正（Yanai Tadashi）在自己的《一勝九敗》一書中提到：「在一般世人的眼裡，我似乎是成功者，但我自己卻不這樣認為，正如書中所說，我的人生是『一勝九敗』，勝率只有一成。」何謂「一勝九敗」哲學？重點就在於嘗試，錯了也沒關係，錯九次，就有九次經驗，他說道：「創業不需要有什麼特別的資質。我認為幾乎所有人都能創業，重要的是自己做做看。不論失敗幾次都不氣餒，持續挑戰，在這樣的過程中，就能培養出一位經營者。」

在不景氣的環境中，職場上有許多人抱有「多做多錯，少做少錯，不做就不錯」的心態，也因為如此，慢慢的就開始凡事都抱持著做事僅點到為止的想法，當然這沒有對錯，在現今如此競爭的環境當中，想要保住飯碗已經很困難，更別說是想要出人頭地了，所以自然有人只甘願過平淡無奇的生活。但是，市場一直不斷在改變，如果自己一成不變、安於現狀，遲早會面臨被淘汰的命運。如果想要力抗命運的洪流，立於不被淘汰之境，就要讓人看見我們的價值，這究竟該怎麼做呢？這個問題我也時常反問自己，我發現，唯有專注在自己的強項，不斷嘗試，才能創新自己的價值。

人生就好像打棒球一樣，你可能會等待好球才肯揮棒，但如何精準判斷絕對要靠經驗累積，然而在經驗不足的情況下，只要揮棒就會有機會，也許這一棒揮下去，三振出局，甚或

抱有『多做多錯，少做少錯，不做就不錯』的心態

結果 ➡ 一成不變、安於現狀，
遲早會面臨被淘汰的命運

是被接殺，但這都沒關係，因為我們還是有擊出安打或全壘打的機會，可以肯定的是，只要我們不揮棒就永遠打不到球，不是嗎？親愛的朋友，面對自己的人生，給自己多一點歷練的機會，請付出行動用力的揮棒吧！

如果我們因為擔心失敗，而不敢有所行動，這樣的人生說來也算可悲。親愛的朋友，成功如果很簡單，那就沒什麼值得讚揚了，不是嗎？就因為不簡單，所以，不管做任何事，請讓自己每天多點新嘗試，只要每天嘗試一點點，日積月累下來，也是蠻可觀的。所以，「滴水能穿石」，成功就是簡單的事情重複做，『創造力』就是勇於不斷嘗試的結果呢！

難過絕對不能超過十分鐘

人生的路上，難免會碰到許多的挫折、打擊，讓我們難過許久，站不起來，所以我常常會告訴自己：「難過不能太久，絕對不能超過十分鐘！」因為難過太久，整個人會被這種負面情緒籠罩著走不出來，不但無濟於事，反而會讓自己的心境更憂鬱、更沉淪。

人生在面臨轉換與蛻變的過程可說是一種煎熬，尤其當自己正害怕失去自我掌控能力的同時，就會不自覺陷入一種莫名恐懼的狀態，其實，不用害怕，這只是過渡期，只是變動一開始的不習慣、不熟悉罷了。「難過、恐懼、焦慮」雖然都是種負面情緒，但我認為它們是正常的、人類所必備的情感宣洩。我們應該要學著接受它，而不是一味的排斥與壓抑。你越是排斥，它就會更緊抓著你不放，跟你糾纏不休，結果問題越來越嚴重。更可怕的是，自己不自覺地被負面情緒掌控，擺脫不了悲觀的想法，反而影響到自己的生活和工作，這是最要不得的結果。

曾經有位學員分享他的失眠困擾，一開始他以為是生理疾病所造成的，去醫院做了好多檢查，看遍西醫與中醫，卻沒有發現什麼毛病。這下子他更慌了，到底身體出了什麼問題？最後不得已，他決定去看心理醫生。他苦惱的詢問心理醫生：「到底是什麼原因讓我失眠睡不著？我沒有工作上的問題，也沒有感情上的困擾，為什麼就是睡不好呢？」結果心理醫生告訴他，造成他失眠最大的原因，竟然是因為他不懂得與負面情緒相處。由於他不能接受自己失眠，也不能接納因為失眠而導致的一系列情緒問題，因此越排斥，就陷得越深，最後才會變成深陷失眠的恐懼與厭惡裡，甚至無法從負面情緒中走出來。

其實，學會與負面情緒相處是一門非常重要的學問與藝術！要當情緒的主宰，而不是被它控制；要跟情緒打交道，成為情緒的主人，學會運用情緒，甚至利用它來創造更高的效益與價值。我們人類的一生都在跟各種負面情緒打交道，童年時期面對缺乏安全感的焦慮、青少年時期有對未來的擔心與恐慌、中年時期更須面對事業家庭的壓力、老年時期則需面對鄰近死亡的擔憂。總之，這些或大或小、或輕或重的負面情緒會緊跟在我們左右，幾乎無人能夠倖免。所以，不論遇到任何會產生負面情緒的情況時，一定要學著接受它，並給自己加油打氣。

我也常常告訴自己：「本來的我就很好了，但我願意為了變得更好而勇於接受挑戰！我能掌控這一切！我要突破自己！」要積極正面思考，為更多「失敗」、「拒絕」做好準備，

後面還有很多快樂等著我們

一百扇門在你面前關上，你也要用十足的熱情面對第一百零一扇門！親愛的朋友們，做人有時候不要硬撐，碰到讓您難過的事，何妨接受它，好好難過一下子吧！但記得喔，千萬不要難過太久，要一下子就讓它過去，因為後面還有很多快樂正等著我們呢！

有同學問我，如何讓自己保有活力與精神？很簡單，不斷付出行動。如果要等有精神才願意行動，那我們很可能就落得停滯不前，好比說，記得以前在軍中時，往往不是因為有精神才要弟兄答數「一、二、三、四！」，而是我們透過答數來讓弟兄提振精神。所以，保有活力與精神最好的方法，就是「付出行動」！

不設限的人生

人生有無可限量的可能性，賣米的王永慶成為了塑膠大王，誰又能想到，王品餐飲集團的戴勝益創辦人，曾經營製帽工廠？而一生下來就沒有四肢的力克・胡哲（Nick Vujicic），更是令人欽佩，他在世界各地旅行，用自己的行動證明，什麼叫作「不設限的人生」！

一個人的想法，造就了自己的生活，也決定了自己的命運。我常常告訴自己：「選擇不向逆境低頭，才能讓此生無憾！」說穿了，只要我們選擇不讓自己活得毫無意義，那就夠了。有一個沒有雙耳的孩子，無法聽到聲音，因而也無法學會說話，出生後孩子的母親終日以淚洗面，傷心孩子沒有未來可言。但是孩子的父親並沒有因此而放棄他，所以從嬰兒在襁褓中開始，父親便日以繼夜在兒子的所以從嬰兒在襁褓中，不斷激勵他，告訴這個孩子，他是最棒的、是宇宙當中獨一無二的，也不管這個孩子是否能夠聽得見，他希望將正面積極的信念與訊息傳遞給他。

直到有一天，父親發現孩子喜歡「聽」收音機，原來這孩子可以藉由耳骨傳遞聲音的震動，來聽到外界的聲音；也就是說，父親不斷在他耳骨旁輸入的那些正面的訊息，孩子其實都能夠感受得到。這讓父親精神為之一振，於是用一切對待正常人的態度與他相處，就連上小學也堅持讓他與一般孩子共同學習，雖然過程很辛苦，但是終於使得孩子順利升上大學。

這位父親就是偉大的成功學之父拿破崙・希爾，他認為「每一次不幸的事件背後，都隱藏著相對更大利益的種籽。」而他的小兒子在大學時首次試戴了最新型的助聽器，這是他第一次聽到清楚的聲音，後來他大膽嘗試改良助聽器的品質，並且找生產助聽器的廠商合作，最後還成為那間廠商的代理人，進而幫助許多失聰的人們聽見美妙的聲音。

拿破崙・希爾教給兒子的精神正是「不向逆境低頭，誓做生命的勇者！」人生，若是什麼都不敢嘗試，你就發現自己什麼都不是。要活得精采，其實每一個人都能做到，端看我們自己如何定義罷了，只要那是我們想要的人生，就要好好過、好好活，因為我們不需要對任何人負責，唯一要負責的對象就是我們自己。如果我們只為了對他人負責，而失去了自己想過的生活，那我們就永遠只是為了別人而活。

切記要把握現在，期待明天，珍惜過去，隨時學習挑戰自己的人生，不限制自己。親愛的朋友們，付出行動，勇敢為自己而活吧！

「擔心，是多餘的折磨；用心，是安全的動力；力量來自渴望，成功來自堅持！」你有夢想嗎？你會為了夢想付出行動嗎？不要聽信任何人告訴你你無法做什麼，也不要讓任何人告訴你你應該做什麼，想做什麼就去做，只要你願意為自己努力，哪怕是失敗再多次也都值得，不是嗎？親愛的，從現在開始，把想完成的事情定出期限，接下來就是付出行動，堅持不間斷的去完成它吧！

Chapter 5

幸福是用來珍惜，而不是拿來炫耀的

不要因為自己處在人生高峰就驕傲自滿，
也不要因為一時的逆境，擾亂了自己本來正常的心態，
變成心浮氣躁、患得患失。
想要有一顆豁達平靜的「心」，
就要依賴我們的日常修為與智慧來慢慢調整。

負面想法拖累行動力

或許你會認為，人之所以選擇正向或負面的思考，這和天生的個性有關。或多或少，我不否認確實有先天因素的影響，但從心理學的角度來看，一個人能否時時保持正向思考的關鍵，更重要的是自己內心的選擇。

改編自台灣真人故事的《帶一片風景走》記錄著妻子罹患小腦萎縮症多年後，丈夫依然不離不棄，兩人正向面對無藥可醫的病症，最後丈夫推著輪椅帶著妻子，完成了兩人年輕時共同的心願——徒步環島。對於命運的擺弄，面對死亡的態度，與其自怨自艾，他們以正向的心態選擇抓緊生命的最後一刻，因此才能完成自己的夢想。

其實，樂觀與悲觀之間，只有那麼一線之隔。太多人往往將焦點放在那些我們不想要的，卻忽略了我們真正想要的，於是負能量越來越大，滿嘴抱怨、滿腦子不愉快。越是專注在負面情緒上，它就越是擴大，如果負面思考一直發酵，將使人的行動力越來越薄弱，到頭來連自己都不相信可以辦得到的事情，又怎麼可能去實踐呢？唯有我們不斷將正面思考落實

正面思考

在我們追求的人、事、物上，才能獲得意想不到的回饋，這就是「正向的力量」！

當然，要能在現實生活中做到心平氣和的面對每一件事，可真是不容易！如果你只是一味的壓抑負面情緒，反而會讓情況變得更糟。比如說，利用「藉酒澆愁」的方式來壓抑心中的負面想法，或是否定不快樂的感覺，逼自己微笑，這種強硬的方式其實不會讓你產生正向的力量，事實上，當我們竭力的抑制負面情緒時，只會更強化它，讓它變得更難根除！

正向與負面的情緒總使人陷入天人交戰，然而最終，我們終究會被其中一種情緒掌控，而真正了解自己的人，總是能保持正面思考，使負向情緒無法滋長，想做到這點，不難，靠的是「刻意」的練習。方法很多，你可以試著讓自己放鬆點，比方適時安排旅遊，多接近大自然，或者多以包容心來看待身邊事物，以感謝的心來面對周遭的人。此外，自我激勵也是很重要的一種方法，沒有人能真正激勵我們，只有我們自己能激勵自己，每晚睡前對自己說：「今天我做得真好，我是最棒的！」相信我，只要說多了、說久了，自然有助於我們培養正向的思考。

當我越是正向，負向的人就會慢慢遠離我，而我越是負向，正向的人也就會慢慢疏遠我！如何才能保持正向呢？請先改掉負面思考及行為模式，並刻意導正自己進行正面思考且付諸行動，唯有如此才有可能讓負面性格得到調整，慢慢讓自己成為正向的人！親愛的朋友，正向的人，每天都要讓自己活在陽光底下，感受熱情與活力！就算沒有太陽，正向的人，也會讓自己變成太陽喔！

現在的我們，就是過去的想法所造就的，如果我們的想法總是維持一成不變，遲早會被淘汰，所以我時時提醒自己，想成為什麼樣的人，就要讓自己在想法上先跟上，成為那樣的人，想像自己已經成為那樣的人，再由內而外慢慢刻意培養。好比說我想成為一個有自信的人，想像一下這樣的人表情如何？想像一下自信的人如何說話？想像一下自信的人肢體如何表現？試著這麼做做看，一段時間之後你會發現，你的言行舉止使你已經成為一個有自信的人了！這也是我自己曾經用以建立自信的好方法，非常有效。

低調的華麗人生

前些年，時尚界吹起一股低調奢華風，顛覆了一般人對於名牌高調誇張的印象，用「簡約」、「不炫燿」的形式優雅的襯托出高貴的表徵。可以說是「華麗」與「自在」共存，讓人充滿自信而非自傲的最佳代名詞。

我認為人生也應是如此，在我們的生活中難免有些挫折、失敗相隨，這才能使我們學到教訓，所以，常常當你我處在痛苦之中時，也正是成長的絕佳時機。如此一來，一旦後來生活好過了些，但是也無須大張旗鼓地去享受什麼，正因為以前窮途潦倒過，所以更懂得珍惜眼前的幸福。無須特意去向他人展現自己現況有多好，炫耀本身就是一種自傲，面對許多生活過得不是太如意的人們，若還刻意不斷向他們展示自己的幸福，你可曾想過，這將讓他們產生什麼樣的感受呢？

美國政治家富蘭克林（Benjamin Franklin），年輕時曾經去拜訪一位長輩，當他昂首挺胸走進這位長輩家門時，只聽見「砰」的一聲，原來是門框的高度偏低，所以富蘭克林的頭不小心撞了上去，當下就紅腫了起來。此時，那位長輩對富蘭克林說：「是不是很痛？沒關係，這就是你今天來看我最大的收穫！」富蘭克林聽了這句話後，馬上就有所領悟，自此他為人謙虛有禮，更懂得低調處事，最後成為有名的政治家。沒錯，人生就是必須「常低頭」，才不會「撞到頭」，太過高調反而容易招來更多是非。

一個人的成熟度，靠的不是學歷經歷，也不是靠年紀，而是他與朋友間交談的內容及平常行為舉止所展現的風範。就我個人觀察，越是高調炫耀缺乏同理心的人，大多是因為他這一生未曾經歷過什麼苦難，所以不懂得將心比心，如果親身經歷過苦難洗禮，卻還是沒有同理心的人，我想沒多久他一定會再遭遇苦難。

宋朝文學家范仲淹曾經在他的《岳陽樓記》中這麼說道：「不以物喜，不以己悲。」這句話我從學生時期就非常喜歡，我們不要因為自己處在人生高峰就驕傲自滿，也不要因為一時低潮的處境，而擾亂了自己本來平和的心態，而變得心浮氣躁、患得患失，這樣反而會讓自己更感到疲累。如果臨時因為壓力一來，不經意的傷害了身邊關心自己的人，更是不值得。想要有一顆豁達平靜的「心」，就要仰賴我們的日常修為與智慧來慢慢調整，急不得也沒辦法靠旁人協助來糾正，只能親自從生活中，不斷累積經驗並透過學習來提升自己。

各位親愛的朋友，幸福是用來珍惜，而不是拿來炫耀的，一味的炫耀只顯示出個人心中無限的恐懼，深怕失去這得來不易的一切，也害怕他人不知道自己有多好；因此，我也始終秉持低調奢華的態度，自己開心就好！

生活簡單就是一種享受，生活快樂才是真正的幸福！幸福不是給別人看的，真正的幸福只有自己最清楚。許多人生活在如此競爭激烈的社會環境當中，每天都過得不開心，沒錢不開心，連有錢也不開心，原因無他，正是因為——心靈過於貧乏。如果你想讓自己每天都很開心，別忘了要對生活中的人、事、物充滿好奇、熱情，抱持著積極、正向的心態，再加上不斷學習新資訊，唯有如此才能徹底根治那槁木死灰的「蠻荒心靈」！

自信就是一種魅力

很多朋友詢問我該如何擁有自信，簡單來說，想擁有自信，首先得先知道什麼是自信？

「自信」就是站在眾人之間，你隨時相信自己「我是最棒的！」的心態。一個人顯現於外的自信能量來源，就來自於他的內心，如果我們過於謙虛，就無法展現自信；如果我們過於囂張，就容易變成自負，所以要不斷經過生活中的淬煉，才能真正掌握合宜的自信形象。

有些人批評別人自大，卻忘記自己也是用同樣的態度對待人家，所以做人要圓融，我們可以有自信，但不要自大，我們可以很自豪，但不要驕傲，做人要反求諸己，我們當然可以保有自豪，但請不要用自豪去凌駕別人的驕傲，因為這就代表你比對方更驕傲。我個人從以前到現在也一直告誡自己一句話——「彎得下腰才叫成熟，放得下身段才叫高手」，做人要有自信，但千萬不能自負。

不過我發現，比起自負，自卑的人更多，一般人都把自己看得太渺小了，往往每個人的真實自我，比想像中的「自我」偉大的多了。有位學員曾經這樣問過我：「老師，你會不會覺得我很沒有自信？」我認真的看了看他說：「不會呀！什麼原因讓你會這樣問？」他苦惱的說道：「我覺得自己好像給人家這樣的感覺……」

其實，許多人就跟這位學員一樣，喜歡透過別人的觀點來肯定自己，我只想告訴這些朋友們，請千萬不要在乎別人怎麼看你，也許對方看不起你，也許對方沒把你放在眼裡，但真正重要的是你怎麼看待自己。我們往往因為在意他人的一句話、一個眼神，而自覺難受，其實，這些痛苦，不是別人給我們的，而是我們自己所想出來的，世上沒有任何人能左右我們的情緒，除了我們自己，不是嗎？

美國巨星奧黛麗・赫本（Audrey Hepburn），在她成為電影演員之前，好萊塢已經有一位名為「凱瑟琳・赫本（Katharine Hepburn）」的超級女星。當時，導演曾勸過奧黛麗・赫本改名字，以免別人將兩人拿來比較，對她不利。可是，奧黛麗・赫本卻對導演說：「不，我一定要用本來的名字。」導演不解的問她「為什麼？」她充滿自信的回答：「因為我就是奧黛麗・赫本。」這麼一個自信而有魅力的女人，難怪能夠成功得到眾多觀眾的歡心。奧黛麗・赫本鼓勵女性發掘與強調自己的優點，她剛出道時正值性感女星當道，可是她卻以絕對的勇氣，改變了當時對美女的定義，主要是就因為她對自己的熱愛與信心。

「自信」就像是一粒種子，你必須持之以恆的對它灌溉養分，它才會慢慢發芽、成長！因此不管做任何事，你必須要有「我就是第一」，沒人能超越自己的信念，那就是自信。雖然有時「自信」和「自負」很難區分，但總比懦弱來得好，你必須要有「我就是第一」沒人能超越自己的自信與氣勢。簡單來說，就是讓自己發光的亮度要能被人看得到，發熱的溫度要能讓人感覺到，你自信的神韻要能贏得他人羨慕，最重要的就是，當你站在眾人的面前，僅僅只是吐納呼吸，都能讓人覺得魅力無窮，那你就就成功了！

一個人之所以沒有自信，是因為在想法上自我設限而成為阻礙，實際上的我們，永遠比想像中的我們還要優秀，只是我們一直不敢相信，也不敢嘗試。親愛的朋友，請勇敢運用「思想」這把鑰匙，去打開「自信」的靈魂吧！

「自信」和「自卑」很難同時發生在同一個人身上，要就自信的神采飛揚，要就自卑的哀聲嘆氣！所以兩者很好分辨，倘若有時很有自信，但有時卻很自卑，基本上那還是自卑，因為那種自信是裝出來的。說真的，我從來沒看過一個有自信的人會自卑，我只看過一個自卑的人會用自信來掩飾自卑！親愛的朋友，能認同自己的優點是自信，能承認自己的缺點是勇氣，真正願意修正自己缺點的人才能成長，而願意不斷突破自己，追求卓越的人才能成功！

別讓批評成為人際溝通毒藥

我曾看過一則有趣的小故事，兩夫妻牽著一頭驢子在沙漠中行走，經過路人甲身邊時，甲說：「這夫妻是笨蛋嗎？有驢子牽著不騎！」後來妻子騎上驢子由丈夫牽著，經過路人乙身邊時，乙說：「這太太也太自私了吧？自己有驢騎卻要先生走路！」最後，這對夫妻決定一起同騎驢子，結果路人又說話了：「兩個人騎一頭驢子，這驢子也太可憐了吧！」夫妻倆真是無奈極了，如果是你會怎麼做呢？

有時，事情因為每個人的立場不同，看法就會不同，人際關係之中最麻煩的就是，我們常常會站在自己的立場看事情，總覺得自己是對的，所以看到別人做的事情都覺得不順眼。就好像故事中怎樣做都不對的夫妻，我想其實最好的方式是不要太在意路人甲乙丙丁怎麼看。因為，通常我們會去批評某人，一定不是很了解對方才會批評，這就是人性。

對於那些喜歡批評的人，只要抓到可以攻擊的弱點，似乎總不會放過，這種喜歡見縫插針、雞蛋裡挑骨頭的人，大多心胸狹隘、見不得人好，從來都不懂得去欣賞他人，只認為自己比較優秀，活在自以為是的世界裡。我們千萬不要讓自己成為這樣的人，最好的方式便是學著檢視自己是否有任意批評的習慣。比如有時我們在批評他人的時候，就會忘記自己也在批評；嫌棄他人的時候，忘了檢討自己是不是也很討人厭；自己亂丟菸蒂的時候，卻去怪那些隨地吐痰的人；還有些人，自己把姿態擺得高高在上，卻說人家說話自以為是。如果，我們都能慢慢學會先檢討自己，不要老是一開始就去否定他人，相信與人相處就會變得越來越簡單呢！

我們都知道在職場上溝通商數CQ（Communication Quotient）對於管理者的重要性有時甚至超過智商（IQ）與情商（EQ）。美國人際關係學大師卡內基（Dale Carnegie）提醒，身為主管帶領部屬的五要與四不祕訣：

- 要想清楚溝通的目的何在？
- 要對事不對人，且就事論事。
- 溝通的方式要因人而異。
- 要注意措詞。

見縫插針、雞蛋裡挑骨頭，批評別人

結果➡心裡只會長出一顆醜陋的魔樹

- 要採「讚美+責備+讚美」的三明治策略
- 不要當眾責備。不要藉責備來樹威。
- 不要人身攻擊或完全否定。不翻舊帳。

從以上我們可以得知，批評絕對是人際溝通的毒藥，即使是你有權利這麼做也最好避免。因為我們溝通的目的是為了將問題解決，而不是要證明自己有多行。社會上有許多人，總認為自己比別人強，所以別人都是不入流，只有自己最優秀，甚者，總是很自以為是的認為自己永遠才是對的，別人做的都是錯的，殊不知自己也在做別人口中批評的事。這就是「我執心態」！

親愛的朋友，有什麼心態的人，就會成就什麼樣的事業，喜歡到處批評的人，試問，真的會快樂嗎？

如何測試自己是不是一個喜歡抱怨的人呢？很簡單，從生活當中面對的人、事、物來檢視一下自己吧！比方說，如果在同一間辦公室有同事表現很好，你會給對方鼓勵加油嗎？還是會心生忌妒呢？如果公司臨時要求加班，你會毫不猶豫的咒罵，還是會先讓自己轉念呢？如果，出門沒多久就剛好遇上傾盆大雨，你會馬上說：「哈，遇水則發，看來今天運氣會不錯！」還是會自怨：「唉，怎麼這麼倒楣？」面對事情發生時，你必須隨時告訴自己：「不抱怨才能讓自己找到更好的解決辦法！」

正向的人才能擁有幽默感

今天在一場實體課程前，一位接待人員跟我說：「老師，不好意思，因為我們的愛玉還沒來，所以可能要再等一下才能開始課程。」當下我很直覺的回她：「好，沒問題！」心想，這家公司福利不錯，上課前還可以先讓員工吃愛玉，後來「愛玉」總算來了，沒想到搞了半天原來「愛玉」是課程的承辦人。這個令人莞爾的誤會讓我接下來上課心情感到十分愉悅，因為我感到輕鬆許多。

美國影星布萊德．彼特（Brad Pitt）說過：幽默感比性感更重要。其實，幽默感是一種性格，是一種正向性格才會擁有的能力，也就是從內而外散發出來的魅力。知名文學家林語堂先生也說：「在山水畫裡，山水的細微處不易看出，因已消失在水天的空白中，這時兩個微小的人物，坐在月光下閃亮的江流上的小舟裡。由那一剎那起，讀者就失落在那種氣氛中了。沒有幽默滋潤的國民，其文化必日趨虛偽，生活必日趨欺詐，思想必日趨迂腐，文學必日趨乾枯，而人的心靈必日趨頑固。」由此可見，在幽默感的背後，所存在的是相當大的正能量！

現在就來檢視一下自己有沒有幽默的特質：

1.你是不是相信自己有幽默感呢？
2.在你腦中冒出的第一個念頭，是不是都很有趣？
3.你的立即反應是不是讓人覺得很有幽默感？
4.你是不是經常認同別人的幽默感？
5.你是不是容易發笑、並且開懷大笑？
6.你內心深處快樂嗎？

如果以上答案都是正面的，那麼恭喜你，你的人生絕對是彩色的。一位美國鋼琴家，即將出席一場期待已久的個人音樂發表會演奏，但是當他臨出場的那一刻，才發現現場觀眾人數不到五成。當下他真的很失望，不過他知道自己不能使這種負面情緒影響演出。於是，他走向到舞台前方，向觀眾深深一鞠躬後對觀眾這麼說：「這個城市的人們一定很富有！」觀眾們聞言一頭霧水，不知他何來此言。接著，他又繼續說道：「我看你們每個人都買了三個座位的票！」觀眾一聽到這，統統都笑出了聲，氣氛也熱絡起來。這位鋼琴家也順利利用幽默感，轉化了自己低落的心情。

通常，一個性格正面的人較容易能建立幽默感，也許有人會質疑，難道負面性格的人真的就不會有幽默感嗎？其實，我們往往可以感覺到負向思考的人所說的幽默感很容易演變成調侃或是揶揄，所言不但無法使人感到放鬆，當事人自己也很容易因此感到沮喪。所以，真正的幽默感關鍵還是在於一個人的內在性格。

那麼，一個負面思考的人究竟該如何擁有幽默感呢？可以試試以下的微行動建議。

1.改變思維模式：負面思考的人經常將焦點放在問題和負面方面，容易失去幽默感。因此，嘗試改變思維模式，可以關注事情的積極面和有趣的部分。

2.開始寫日記：從今天開始，嘗試寫下一些有趣的事情或笑話，然後不斷練習，有助於找到自己的幽默感。

3.參加幽默課程：參加一些幽默課程，學習如何用幽默的方式看待事情和和別人互動。

4.改變身體狀態：負面思考的人往往處於緊張和憂鬱的狀態中，這會阻礙幽默感的發揮。建議可以透過運動、冥想等方式來使自己更加放鬆和開心。

5.最簡單的一招，請每天跟有幽默感的人浸在一起吧！就像向日葵需要向著太陽才能生長一樣，當你周遭的一切都呈現出美好的狀態時，黑暗就不存在了。

所以親愛的朋友，努力歡笑吧，相信快樂與幸福總會常伴愛笑的人身邊。

如果我們也覺得自己傾向負面思考時，就更要趕緊練習正向思考了，可以先從說好話，做好事開始。如果，每天都能付出行動說一些讚美他人的話語，相信你就能慢慢養成正向的性格，一個正向的人總是能面對尷尬，給予周邊的人、事、物適時的回饋與反應。從現在開始，我們每天對周遭的人表達：「你真的很棒！你做得真好！因為有你在，我真的好放心……」總有一天，你會發現，你真是一位不可思議的正向幽默達人呀！

別成為喜歡抱怨的人

應該沒有人喜歡站在汽車後面被排出來的廢氣汙染身心吧！碰到這樣的情況，一般人都應該會盡快遠離，不是嗎？相同的，如果有人老是在我們身旁，不斷用負面的言語汙染我們的耳朵與心靈，那我們會怎麼做呢？趕快離開吧！請一同拒絕接受任何具有侵蝕性毒素的言語干擾我們的身心。

有次一位學員分享了他的一個經驗，他說某次他搭捷運時，遇到一位男子在車上大聲嚷嚷的講手機，言談中不斷聽到該男子說：「今天有夠倒楣，人好多，差一點就擠不上車子，真是倒楣……」言談中滿是抱怨，沒想到當捷運到達某站要停車時，忽然間跳電，大家驚呼連連，只聽到該男子又對著電話說：「哇，真的很倒楣耶，我才剛到站，捷運居然跳電啦！」咒罵聲止，門開了，該男子馬上要出去，沒想到門又瞬間關閉，讓他當場重重的撞了一下，發出哀嚎，接著門又自動開啟，使他踉蹌的跌了出去。結果大家都在暗自竊笑，因為這個人嘴巴說的，跟他所碰到的狀況是完全一致的。

今天有夠倒楣，人好多，
差一點就擠不上車子……
哇，真的很倒楣耶，
我才剛到站，
捷運居然跳電啦！
真是倒楣……

大家都遠離抱怨者

抱歉！我們有事要先走了喔！

大家有沒有從這件事得到啟發呢？激勵大師羅賓・夏瑪（Robin Sharma）曾說過：「每天想什麼，就決定了你是個怎樣的人，每天跟自己說什麼，也同樣會決定你是個怎樣的人。」在生活中，我常常沒事就對著鏡子，說一些自我激勵的話語，讓自己能夠隨時成長。從家中出門進電梯時，就對自己說：「今天工作也要充滿活力與熱情！」也許很多人會認為，這樣的行為看似很傻，但相信我，你會越做越開心，越做就覺得自己越棒。我曾經聽人說：「一個人做傻事做久了，連老天爺都會感動的！」這句話還真有道理。

朋友們，你想成為什麼樣的人呢？我們常常看到許多人喜歡抱怨和發牢騷，讓自己在憤怒的氛圍下過生活，如果老是抱怨自己現在所碰到的，那麼未來只會碰到更難堪的事情。課堂上我歸納出一種「自我懈怠症候群」，學員詢問這是什麼意思？簡單來說，就是人們常常喜歡把「很難」、「很煩」、「好無聊」、「沒心情」、「做不到」、「沒辦法」、「不可能」、「我不會」、「我不能」、「辦不到」……等等負面字眼掛在嘴上的不良習慣。經過行為科學研究調查，患有此症狀的人，百分之八十在職場中一定過得不甚滿意，個性上會呈現下列幾點特徵：

1. 在性格上較為偏激，因此看待事情並不客觀。
2. 對任何事情總是持反對意見。

3. 喜歡批判他人，卻從來不檢討自己。

4. 行為上較為孤僻。

5. 說到痛處會馬上反擊。

我要特別強調，這不是文明病，而是心病，而且會傳染，沒有必要浪費寶貴的光陰去抱怨，遇事的當下短暫抒發一下情緒，抱怨完就要繼續前進，因為若身陷在抱怨的氛圍之中，只是讓事情停在原點，將痛苦擴大，而能遠離抱怨的秘方，就是大量付出行動！

請記住，我們不需要成為別人眼中的自己，要成為什麼樣的人，不是由別人決定，而是由你自己決定！常常有人說：「正面思考有什麼用？正向又不能解決我現在碰到的問題呀？」是啊！正向是不能解決我們所碰到的問題，但我肯定的是，負面思考一定會擴大我們碰到的問題，不是嗎？親愛的，請讓自己保持正向思考，生活才會更有希望！

控制情緒的不二法門

「樹的方向由風決定，我的方向由我決定。」不要讓任何人、事、物來影響我們的心情。有人因為別人的一句話、一個臉色，可以不開心一整天；有人可以因為換了一個環境後，就讓自己一直苦悶，鬱鬱寡歡一輩子；更有人一早吃了不好吃的早餐，就開始抱怨他今天一定很倒楣……然而如果能定下心來思考，你會發現，這一切都不是外在事務在影響我們，而是自我情緒的不受控制所造成的。

「如果一個人能夠讓你不開心，顯然對方比你還能有辦法控制你的情緒呢！」讓他人來影響自己的情緒，這不是件很愚蠢的事情嗎？許多人往往受到他人的挑釁或羞辱後，便無法控制自己的情緒，但是說真的，別人並不需要為你的情緒負責，所以一旦你情緒失控，責任完全是在自己身上的！

其實，隨時保持平靜的心並不難，真正難的是，我們從來都沒先學會如何讓自己「平靜下來」這個課題。要學會平靜，要先觀心，觀察自我、了解自我、平靜的心就像是一面鏡子，真正的鏡子，它會讓你看見自己的本來面貌，當你真正知道自己是誰時，你就能漸漸學會駕馭自我。

學習讓自己的情緒不受任何事務影響，確實並不容易，我自己也還在學習中。我認為，建立更豐富的人際關係能有助於我們控制自己的情緒。透過正常的社交盡量與不同個性的人相處學習，這樣能使你不論遇到什麼樣的情況，都比較能處之泰然、心平氣和。若你總是活在自己的小圈圈裡，與別人相處必定會有許多摩擦，情緒也會更容易受到波及。

人際關係的相處其實沒有秘方，唯有尊重每個人都是不同的獨立個體，你必須相信也必須接受這個事實。事實上，任何人都無法十全十美，只要我們願意多欣賞別人的優點，少計較別人的缺點，你的人際關係自然就會變好，生活也會變得更加快樂有趣。有人常問，我們該如何匯聚自身的人脈能量呢？說來便是仰賴平日一點一點的累積，急不得呀！當你對他人真正產生興趣的時候，這時對方才會對你有興趣。

人與人之間是否相處得來，最重要的是自己是否有將對方看在眼裡、放在心裡，為人處事不要老是一付高高在上，妄自尊大的樣子。我可以告訴大家我個人待人處事的基本原則，就是務實。在這個原則裡，包含了許多的變通之道，也就是「圓融」。如果做人太過執著，就會招人怨懟與排擠，如果做事太過一板一眼，就會很難與人共事，所以，如何拿捏這當中最適合的方式，就是所謂的「中庸之道」了。

這就是我個人推薦給大家的簡單生活學——用中庸之道去看待所有的人、事、物，你就會發現自身的情緒不再不受控，因為你懂得分辨什麼事該放在心上、什麼事無須謹記在心，你能淡定且靜心的看待生活中的許多事務；這時，我相信對你來說，控制自己的情緒將不再是難事。

一個情緒管理得當的人，每天都是快樂的！情緒不好通常是面對壓力時，自我管理不當所造成的，而面對壓力問題的方法就是「認知了解」！先了解真正造成我們壓力的來源是什麼？然後面對壓力，想辦法解決，扭轉自己的心態讓自己享受壓力造成的刺激，並將壓力轉化成助力、動力；當然，如果當壓力大到自己一時無法解決時，可以請求他人的協助，或是給自己適當的休息，等精神狀況較好時，再繼續奮戰。當自己越來越能面對壓力的挑戰時，保持心情愉快就簡單多了！

不要怕認錯

許多人常常不自覺犯了一個毛病——就算知道自己錯了，也知道要改錯，但就是不認錯！認錯其實並不可恥，天底下本來就沒有十全十美的人，誰不會犯錯呢？

當然，錯有大小之分，並不是大錯我們就認，小錯就能隨便找理由搪塞過去，能否認錯關乎一個人是否有「責任」。比如說，你今天遲到了，在面對主管的詢問時，人們多半回答：「今天路上塞車，所以遲到了！」、「今天公車等很久，所以遲到了！」但是，很少有人會這樣說：「對不起，這是我的錯！」的確，這只是一個小錯誤，但是連上班遲到這樣的小錯都不敢承認與面對的人，又怎能承擔更大的責任呢？當老闆面對一個無法勇於認錯負起責任的員工，又如何將公司重要的任務交託給他呢？

「對不起，這是我的錯。」這話真有這麼難說出口？老實說，有時連我都覺得難以啟齒，特別是在中國傳統的教育下，讓我們養成愛面子的個性，總覺得認錯就代表自己輸了，所以我們不容易道歉認錯，也不容易原諒別人犯錯，結果反而造成一股社會風氣的惡性循環。承認錯誤的確是一件很困難的事情，因為它需要莫大的勇氣去突破自己的心理障礙。

能夠認錯並且負擔責任的人，才是可以委以重任的人。我舉個例子，當美國總統卡特（Jimmy Carter）在面對營救美國駐伊朗大使館被扣人質的作戰失敗時，他立即在電視上鄭重的向所有美國人民聲明：「一切責任都在我。」就是這句話，讓卡特總統的支持率驟然上升了百分之十。不能否認，犯錯一定會造成可大可小的負面影響，但是如果我們能及時的承認錯誤並給予修正，就可以將這負面影響降至最低。

有些人，一旦發生問題就怪罪他人，好像自己身上所有發生不好的事，都是別人造成的，因為他們總認為，千錯萬錯都是別人的錯，自己絕對不會錯，這種心態真的很要不得。明明就是很單純的沒有做好某一件事，卻開始怪東怪西、扯南扯北，掰了一堆歪理想證明自己是受害者，其實，事實是不容爭辯的，不要為了讓自己可以好過些，就想了一堆方法來避重就輕。正所謂事出必有因，當初我們種下什麼因，自然就會得什麼果，如果老是把責任推到他人身上、把自己的錯誤合理化，總認為有任何問題都是他人的錯，這樣的人跟他說太多是沒用的，相信未來還會有苦頭吃呢！

一個人的盲目不在於自己的眼睛看不見，而在於心中總是有太多的抱怨，以至於長期下來，就只能透過雙眼看別人的問題，卻從來看不見自己的問題才是最大的問題！

正確➡「對不起，這是我的錯！」，不找藉口，勇於認錯

面對同一件事情，可以有不同的看法，不過有些人總喜歡牽拖一大堆，不想讓自己處於太無力、害怕的處境，久而久之便慣性的避重就輕，還開始怪東怪西，以證明自己才是受害者。其實，坦然而誠實的說：「對不起，我錯了！」不僅能讓做錯事的人，和有所損害的人，心裡覺得好過一點，還能修復關係裂痕。只要經過一段時間的練習，自己的經驗就會越來越豐富，相信犯錯的機率一定會降低，因為我始終相信「認錯是做對的開始」！

做自己認為對的事

這世界上努力的人很多，聰明的人很多，運氣好的人也很多，但是這些似乎都還不足以讓一個人能夠完成夢想、達成目標。曾經有一位學員來詢問我，他正努力開拓自己未來的路，但是一路卻都走得很辛苦。

學員：「老師，我好想放棄現在正在做的一切……」

我：「可以告訴我當初你為何堅持走到現在嗎？」

學員：「因為我很喜歡。」

我：「現在不喜歡了嗎？」

學員：「當然不是，我還是很喜歡呀，只是有很多現實層面無法兼顧，朋友紛紛勸我要當機立斷，放棄這條路。」

我：「同學，我從來都不相信，做自己喜歡做的事，會無法顧到現實面，其實你絕對可以做你喜歡的事，也能顧到現實面，但是你要找到方法！」

學員：「老師，我也試過了，我試過很多次了！」

我：「你說很多次是多少幾次呢？」

學員：「至少有三次了吧！」

我：「同學，你知道自己最大的問題是什麼嗎？其實，你決心不足，才會找藉口退縮，而且不願再做更多嘗試。」

當我們自動自發的去做某些我們自認為對的事，也許路途很遙遠，一路上過程艱辛，在別人眼裡覺得很困難，甚至得不到眾人的祝福，但我們必須明白，想嚐到甜美的果實，就必先辛苦耕耘等待成功熟成！

脫口秀女王歐普拉（Oprah Winfrey）可說是全世界最有影響力的女人之一，她曾經說過：「我人生中最大的教訓，就是明瞭我只須對自己的人生負責——活著不是為取悅他人，而是去做我認為對的事。」

她在擔任記者工作期間，先是被電視台要求改成一個比較容易記，帶點甜姐兒氣質的名字。但是歐普拉認為那終究是她的名字，因此堅持不換名字。接著電視主管覺得她跟傳統的主播美女長得不像，他們要求她把頭髮燙起來，但沒幾天捲髮全垮下來，反而更沒造型。而在報導火災新聞的同時，她也給災民送上毛毯，雖然她自認為這是對的事情，但是最後還是被新聞台開除了。於是，她被轉去主持一個談話節目，沒想到一年之內就成為了全美知名的主持人。我相信只要有一顆真誠付出的心，最後一定會有意想不到的結果！

以前我常常告訴自己，一旦有人看到我的價值時，我就能好好表現我的能耐，可惜的是始終沒人看見。經過幾年的檢討之後，我發現當時真正的問題是，其實我並沒有努力創造價值，卻妄自尊大的認為自己是個有價值的人；所以後來我就開始嘗試去創造自我價值，至今仍不曾停歇。

其實，面對眾人評價真正的目的，是讓自己快樂，而不是受到影響，如果自己認為自己做的是對的事情，那麼如何做到不被負面評價影響，甚至擊敗，也就在於如何選擇評價與我們之間的關係了。

人會想要改變是因為我們不夠好，所以常常要注意自己是否不夠好，是否需要改變，而改變自己最怕的就是不敢犯錯。其實，出錯只要不是故意的，都是很值得嘉許的，因為這就表示我們常常勇於嘗試、付出行動，這就是好事。然而若常犯的錯誤是因為自己不專心，總是犯同樣的錯誤，那就不行；我們每個人都會犯錯，犯錯是正常的，但一定要把握時間積極去改進，不斷修正錯誤、調整錯誤，經過一段時間修練後，就一定能讓自己成為「對的人」！

真正的包容要付出行動

有次上課的時候，一位同學不但睡著了而且還鼾聲大作，當時全班一百多位學員認真聽講，唯獨這位學員還在呼呼大睡，所以一直聽到我在講課的聲音和該學員打呼的聲音此起彼落，有人聽著聽著就笑了出來，接著全班笑成一團，於是我跟大家說：「相信這位同學最近真的很辛苦，應該不是故意的，大家就原諒他吧！」

這件事情讓我有了一個省思，有時，真正的包容必須得付出行動，而不是嘴巴說說的。凡事總有一體兩面，有好人亦有不好的人，有好事亦有不好的事，有好物亦有不好的物；就好比說，任何團隊裡都有各種各樣的人，不能期望每一個人都能跟你保持一樣的想法，因而要學會包容；也好比說，在自己生活當中發生了不好的事，不要去抗拒，因為抗拒並不會讓你更輕鬆，反而要學會去面對這件不好的事，一旦你能去面對，事情就會開始有些轉折，這就是溫柔的處世之道。

體諒與包容始終都是人與人之間維持良好關係的一劑良帖，懂得體諒的人，總是讓人感覺非常窩心；懂得包容的人，總是讓人內心非常感激。就像我們常說「嚴以律己，寬以待人」，但在生活當中，似乎很多情況卻是相反的，其實，懂得寬容他人，就像是送了對方一份禮物，無形中也讓自己增添了品格上的修為，相對的，如果常常對自己寬容，那就是墮落沉淪的開始！

一樣米養百樣人，不論在職場或是學校，總有千奇百怪的人，如何能夠建立良好的人際關係，真是一門重要的功課。所以不要把自己理所當然的想法，套用在所有人身上，人與人之間相處要學會包容與尊重，不可一昧的要求別人順著自己。當然也是有些人就是不懂得尊重他人，卻一直要別人包容他，有些人更是你不犯他，他偏要來惹你。這種情況下我們需要的不只是包容，更需要忍耐，包容與忍耐的差別往往非常細微，忍耐是種純粹的壓抑，雖然將厭惡的感覺壓下去了，但是終有一天，等你再也忍不住了，情緒就會爆發出來。因此，懂得說「不」的人，遠比懂得說「要」的人，來得更加需要勇氣。

沒有人是完美的，學會包容，才能讓世界更美好。所以，既然我們無法改變那個你討厭的人，只好讓自己學會轉念。好比說，正因對方喜歡找我麻煩，才讓我學會控制自己的脾氣，或者，對方其實是個可憐人，因為心情一直不好，所以才找我麻煩。當我們付出包容的行動時，自己的心情也可以從負向轉為正向呢！

現在社會當中，很多人都不懂得要去尊重與包容他人，這真是一件很悲哀的事，中國人是講理也講禮的，曾幾何時這樣的觀念竟然慢慢喪失，真讓人感嘆呀！其實，真正的尊重就是，我們可以意見不同、互相討厭對方，但還是要接受彼此擁有表達不同意見的權力，這就是尊重，也是我為人處事的基本原則。如果，我們只是因為不喜歡對方，就老是想找機會讓對方出糗，這樣的心態，久了就會產生一些消極的想法與情緒，只會讓自己越來越不開心，更是得不償失啊！

用心待人，成為彼此的天使

西洋哲人藝術家羅丹（Auguste Rodin）說：「我們的眼睛，不是缺少美，而是缺少發現。」這世上確實有許多不公不義的黑暗面，但是就好像黑夜，少了它我們也難以看見美麗的星辰。然而要發現美好的事物，不能只睜大眼睛，關鍵在於用心看與用心感受！

我常發現人的憂慮、計較，往往來自於過份功利的心，結果只會活出蒼老！要知道人與人之間每個人相處的模式都不相同，有些人是相親相愛，有些人則是相敬如冰，有些人是相互攻擊，有些人是爾虞我詐，雖然人人各有模式不同，但是要改變他們並不容易，因為這就是每個人長久以來習慣的相處模式呀！不過，我依然相信，只要用心待人，面對再怎麼艱難的處境，都會遇見天使。

有人常常問我，什麼樣的工作環境最好？我總是回答：「人和」；以我個人的經驗來說，以前當職業軍人，常有輪調職的時候，這時大家多半希望能調到「爽缺」或是輕鬆愉快的單位。只是我們也都很清楚一件事，所謂的「爽缺」這樣的單位其實是不存在的，因為有些人調到一個好單位，卻有脾氣古怪的直屬長官，每天都被上級督導，光是擔心的那種心理壓力就夠你受的了；有些人昇到了好職位，可是組織、團隊卻完全沒有向心力，常常會有一些突發狀況，搞得大家焦頭爛額，整天好像有處理不完的事情，試問，誰想到這種單位呢？相對的，我們也發現，有些所謂的艱苦單位，什麼資源都沒有，食衣住行條件都不好，不過卻有一位好長官，部屬之間也都能和睦相處，我想就算日子苦一點，大家還是能苦中作樂，開心過日子，不是嗎？

所以，我始終認為，沒有什麼比「人和」的工作環境，更令人羨慕了。因為真正的領導者，不是用威嚇去懾服部屬，而是用心去感動部屬，如果老是用一副高高在上，不可一世的領導風格，這家公司自然岌岌可危。其實，任何一家公司光看領導者的行為舉止，大概就能知道所屬企業的未來，而一間企業真正的危機，總是在領導者最驕傲的時候發生，人往往在太過於自信時就容易退步，自然無法進步發展。

我曾經在某單位擔任教育訓練的講師時，有學員跟我提到當初她決定來此上班的原因。她說雖然公司離家很遠，但是到公司報到的前一天晚上，經理竟然傳來一封簡訊說：「明天是你上班的第一天，慢慢來，不要急，不會搭接駁車可以打電話給我，我再告訴你怎麼到公司！如果趕不及上班時間也沒關係。」當時看完簡訊她的心裡真的好感動！其實，成為一位優秀的領導者並不難，主要在於一顆心，只要主管把部屬當兒女對待，部屬自然就會尊敬主管如父母！

那麼也有學員問過我，如何能像上輩子燒到好香一樣，遇上優秀的主管呢？我想首先自己要學會存著一顆善良的心來對待別人，當我們成為這樣的人時，我們自然有能力去辨識，我相信每個用心待人的人都能成為一名小天使，自然也會比別人更容易遇到一位令我們歡喜的「貴人」和「天使」。

親愛的朋友，當我們拿花送給別人時，首先聞到花香的是我們自己，反過來當我們抓起泥巴想拋向別人時，首先弄髒的也是我們自己的手，所以，讓我們一起做個用心待人的幸福天使吧！

有時，我們對某人會先入為主的認為，對方是對我有企圖才對我好，結果後來發現並不是，那就要自我檢討；相對的，有些人你把他當作是莫逆之交，一開始對你很好，但後來他卻想盡辦法從你身上撈好處，那就要趕快遠離這樣的朋友！

不要讓先入為主蒙蔽掉我們的雙眼，不要讓淺嘗輒止成為了我們的偏見。也許，在我們一生當中，會碰到許多的貴人，也有可能碰到小人，但是如果我們都不付出行動去認識新朋友，那就永遠也分不清楚這些人誰是誰，不是嗎？因此，請付出行動去找到那些屬於你生命中的貴人吧！

朋友，你今天笑了沒有？

你的星期一是快樂還是憂鬱呢？就我的信念而言，絕對是快樂又興奮的。你想想，如果每天都是人生最重要一天，你想要怎麼過呢？為此，我每天都告訴自己，要不斷進步一點點，滴水足以穿石，總有一天，我也能完成我的夢想，這就是我！

如果我們不斷讓自己陷入負面情緒當中，時間久了，「心」就會失去原有的生命力，就像魚兒若離開了水面，不久將乾涸而死。究竟如何能讓我們常保「正向的心志」呢？除此之外別無他法，就是要常常接觸正向的人、事、物，不讓壞念頭隨意滋生，這樣才有美好快樂的人生；而我所說的快樂，正是你本來就會擁有的那種感覺，只是你很少發現或是沒有注意到，只要你慢慢仔細從自己身上去找尋，你就會找得到。

當然也有學生好奇的問我：「老師，你為什麼總能如此正向而快樂呀？」

我說：「因為我的夢想就是希望幫助許多人變正向和快樂，而我也正在付出行動！」

學生說：「原來如此！就這麼簡單喔！」

我說：「很簡單吧！你也行的，在幫助他人的過程中，總讓我獲得更多呢！」

有次一位學員跟我分享了她搭公車的經驗，她說她和同事有次搭公車到達目的地之後，下車前詢問司機要往哪走才能到捷運站，司機跟她說要往回走，結果她下車之後走了沒多久，就發現司機開著車打開門在路旁大喊：「小姐，妳們走錯了，不是這一邊，是另外一邊喔！」這位女學員和同事相當訝異，因為那位司機竟將車停在原地，一直看著她們確認看她們是否走向正確的方向。我想這個社會上還是有許多人會主動協助他人，也相信這位司機，他工作的每一天都是開心的，因為助人為快樂之本。

我認為「一個人轉念的速度，將決定他快樂的長度；一個人快樂的長度，將決定他幸福的強度！」所以想擁有快樂的人生，一定要學會常常刻意的笑，尤其是東方人個性較為內斂，不善於表露自己的情緒，造成該有的許多情緒都被壓抑了。心理學家威廉・詹姆斯（William James）說：「我們快樂是因為我們微笑，而並非因為快樂而笑。」快樂的時候不一定會笑，但是當我們刻意的笑，絕對會慢慢有快樂的感覺呢！生理往往能夠影響心理，一旦當我們心理有了不好的狀態，最好的解決之道就是積極付出行動去做一些事，如果能幫助一些人，這樣就能慢慢讓心理不好的狀態改變！

我很慶幸自己有笑紋，那表示我常常笑開懷，如果有一天我的笑紋變成了皺紋，我還是會繼續努力的笑，因為笑是人生最棒的活力酵素！朋友，你今天笑了沒有？

曾經聽人說，這世界上有兩個「較」，絕對不可信仰，那就是「比較」和「計較」！愛比較的人，老愛跟人比來比去，殊不知人比人氣死人，愛計較的人，絕對不讓人占便宜，什麼都吃就是不吃虧，結果證明，有信這兩個「較」的人，生活都過得很痛苦，因為他們會常常在意他人，而忽略了自己，如果能遠離這兩個害人不淺的「較」，自然就能越來越快樂！

家圖書館出版品預行編目資料

拖延的微行動，讓你效率更驚人！/ 黃經宙著. ——二版——新北市：晶冠出版有限公司，2023.05
面；公分．——（智慧經典 ； 29）

ISBN 978-626-97254-0-3（平裝）

1.CST: 成功法　2.CST: 生活指導

177.2　　112003772

智慧菁典　29

不拖延的微行動，讓你效率更驚人！

【暢銷新編版】

作　　者　黃經宙
文字協助　郭茵娜
行政總編　方柏霖
副總編輯　林美玲
特約編輯　柯延婷
校　　對　蔡青容
封面設計　王心怡
出版發行　晶冠出版有限公司
電　　話　02-7731-5558
傳　　真　02-2245-1479
E-mail　ace.reading@gmail.com
總 代 理　旭昇圖書有限公司
電　　話　02-2245-1480（代表號）
傳　　真　02-2245-1479
郵政劃撥　12935041 旭昇圖書有限公司
地　　址　新北市中和區中山路二段352號2樓
E-mail　s1686688@ms31.hinet.net
旭昇悅讀網　http://ubooks.tw/
印　　製　福霖印刷有限公司
定　　價　新台幣350元
出版日期　2023年05月　二版一刷
ISBN-13　978-626-97254-0-3

旭昇悅讀網　http://ubooks.tw/